Joannes Nicolai Secundus, Georg Ellinger

Basia

Joannes Nicolai Secundus, Georg Ellinger

Basia

ISBN/EAN: 9783742891259

Hergestellt in Europa, USA, Kanada, Australien, Japan

Cover: Foto ©Thomas Meinert / pixelio.de

Manufactured and distributed by brebook publishing software (www.brebook.com)

Joannes Nicolai Secundus, Georg Ellinger

Basia

Lateinische Litteraturdenkmäler
des XV. und XVI. Jahrhunderts.
Herausgegeben von
Max Herrmann.
14.

IOANNES NICOLAI SECVNDVS

BASIA.

Mit einer Auswahl aus den Vorbildern und Nachahmern

herausgegeben

von

Georg Ellinger.

BERLIN
WEIDMANNSCHE BUCHHANDLUNG.
1899.

Einleitung.

1. Die Basia und ihre Vorbilder.

Schon den ältesten Nachahmern der 'Basia' des Johannes Secundus fiel die Verwandtschaft einzelner von dem Dichter verwendeter Motive mit bestimmten Stücken der griechischen Anthologie auf. Der allgemeine Grundzug des Werkchens ist in den Gedichten Meleagers (No. 10 und 74 b; die Zahlen nach Brunck), des Paulus Silentiarios (No. 1 und 3) und eines Anonymus (Anth. Palat., ed. Dübner, I, S. 119; 5, No. 305) vorgebildet; zu der in Bas. XIX vorliegenden Erfindung wird wiederum eines der bekanntesten Epigramme Meleagers (No. 108) die Anregung gegeben haben. Auch sonst berühren sich inhaltlich die 'Basia' mit der Anthologie; für Bas. XIII wird das Platon zugeschriebene Epigramm noch erwähnt werden; aufserdem scheint das schöne Gedicht des Kallimachos von Kyrene (No. 1) vorbildlich gewesen zu sein. Eine unmittelbare Einwirkung der graziösen kleinen Kunstwerke auf die Entstehung der 'Küsse' wird daher umsoweniger anzuzweifeln sein, als wir den Einflufs der griechischen Anthologie auch auf die sonstige dichterische Thätigkeit des Secundus nachzuweisen im Stande sind. Wir haben also ein Recht, die Anthologie als die eine der beiden Hauptquellen anzusehen, die das klassische Altertum dem Secundus geliefert hat. Die zweite Hauptquelle sind die beiden bekannten Stücke des Catull (No. 5 und 7), die nicht allein den Gesamtcharakter von Secundus' Buch entscheidend bestimmt, sondern auch zu einzelnen Erfindungen (so v. 2/3 von No. 5 zu dem in Bas. XI verarbeiteten Gedanken) angeregt haben. Was sich sonst an Beeinflussungen durch griechische und römische Dichter verzeichnen läfst, ist mehr sekundärer Natur. Die Bukoliker, Properz und Tibull (I, 8; 37 f.) mögen gelegent-

lich zur Vervollständigung des Gemäldes einen oder den
anderen Zug geliefert haben, wenn es auch nicht immer mit
Sicherheit behauptet werden kann, ob in jedem einzelnen
Falle eine wirkliche Anlehnung vorliegt; auch Martial VI, 34
ist vielleicht vorbildlich gewesen. Daneben kommen natür-
lich noch für einzelnes antike Vorbilder in Betracht; die in
Bas. I geschilderte Situation beruht auf Vergils Aeneis I,
680 ff.; der schöne Vergleich am Eingang von Bas. II ist im
Altertum oft verwendet (Horaz. Epod. XV. v. 5. Ovid.
Her. IV. v. 47), und sicher ist Secundus von diesen antiken
Vorgängern beeinflufst worden. Was sonst an gelegentlichen
Anlehnungen an klassische Muster in Betracht kommt, haben
P. Burmann und P. Bosscha in ihrer reichhaltigen Ausgabe
sorgfältig zusammengestellt; für den Aufbau des Kunst-
werkes und die Einzelausführung sind diese Reminiscenzen
indessen nicht von grofser Bedeutung. Im wesentlichen ist
damit der Kreis der antiken Anregungen geschlossen. Sie
sind immerhin sehr beträchtlich und zeigen, wie das Wesent-
lichste des Stimmungs- und Gedankengehaltes im Altertum
schon vorhanden war und wie das dankbare Material nur
der Zusammenfassung und Formgebung harrte.

Sind somit die Fäden, die vom Altertum zu den 'Küssen'
des Secundus hinüberleiten, deutlich erkennbar, so verhält
es sich nicht ebenso mit den humanistischen Vorbildern des
Werkes. Burmann-Bosscha haben in ihrer Ausgabe eine
Reihe von Parallelstellen aus Politian, Pontanus und Marullus
mitgeteilt, welche zeigen, wie sehr die von Secundus ge-
stalteten Motive damals in der Luft lagen; bei einer näheren
Prüfung ergiebt sich indessen, dafs ein unmittelbarer Zu-
sammenhang zwischen ihnen und unserem Werke nicht not-
wendig angenommen zu werden braucht, obgleich Einzel-
beeinflussungen zugegeben werden können, wie denn Bas. I. 9
ersichtlich unter der Einwirkung der Stelle aus einem Epi-
gramm Ariosts steht: 'Heu, heu talis', ait, 'noster Adonis
erat' (Del. p. Ital. I, S. 283. Dagegen haben Burmann-Bosscha
mit vollem Rechte auf Sannazaros ähnlich geartete Gedichte
hingewiesen: aber sie haben keinen Versuch gemacht, das
Verhältnis dieser Stücke irgendwie zu bestimmen. Völlig
entgangen sind ihnen und allen denen, die sich bisher mit

Secundus beschäftigt haben, die beiden wichtigsten humanistischen Vorbilder. Das erste ist das elegische Gedicht von Philippus Beroaldus 'Osculum Panthiae', das unten S. 17 zum Abdruck gelangt. Obgleich Beroaldus in der bekannten Elegie des Secundus an Hieronymus Montius (III, 7) nicht erwähnt wird, während Pontanus, die beiden Strozzas, Marullus, Bembo, Vida und Sannazar rühmende Erwähnung finden, darf doch wohl an der Abhängigkeit des Secundus von diesem Gedicht umsoweniger gezweifelt werden, als Secundus auch in einer Elegie deutlich an Beroaldus anknüpft (I, 7). Er verheifst hier seiner Geliebten ewiges Leben 'Inque puellarum, quas olim carmine vates Laudavere pii, ... choro' (vgl. Beroaldus, v. 35 ff.) und fährt fort:

'Qualis quae falso Nasoni dicta Corinna est
Deliaque et Nemesis et bene culta comam
Cynthia forma potens nec non tua, Galle, Lycoris.
Quarum immortalis forma perenne viret.'

Hier ist die Anregung durch Beroaldus, v. 72 ff. nicht zu verkennen; sie zeigt sich sogar in der sprachlichen Form, in der bei Lycoris gebrauchten Anrede, die freilich hier auf den Mann übertragen worden ist. Läfst sich nun aber die Einwirkung des 'Osculum Panthiae' auf die Elegien mit Sicherheit nachweisen, so werden wir keine Veranlassung haben, an ihrer Einwirkung auf die 'Basia' zu zweifeln, zumal die hauptsächlichsten von Secundus verarbeiteten Motive schon hier zu finden sind. Aus Beroaldus stammen z. B. die am Schlusse des Bas. II erwähnten Frauen, zu denen die poesielose Aufzählung im 'Osculum Panthiae' offenbar die Anregung gegeben hat. Weitere Analogien liegen auf der Hand; aber auch wörtliche Anlehnung scheint stattgefunden zu haben: das durch Goethe berühmt gewordene Wort des Secundus: 'O vis superba formae!' (VIII, 19) erscheint hier schon in den Worten: 'Tantum forma valet' v. 33 vorgebildet. Der poetische Wert von Beroaldus' Gedicht ist allerdings aufserordentlich gering anzuschlagen: die rhetorischen Wiederholungen wirken ermüdend, und ganz unfruchtbar sind die fortgesetzten Vergleiche mit antiken Frauen, die offenbar weiter nichts als ein ungeschicktes Excerpt aus Boccaccios Schrift 'De claris mulieribus' sind. Auch kann man wohl einer Geliebten kaum etwas Sonderbareres wünschen als ein aufserordentlich hohes Alter, ein Wunsch, dessen Geschmacklosigkeit auch durch den Zusatz 'perpetuumque decus' nicht aufgehoben wird (v. 107 f.).

Die zweite bisher unbekannte Quelle ist ein Gedicht von Petrus Crinitus: 'Ad Neaeram' (gedruckt unten S. 21 f.). Auch dieses Gedicht geht auf ein Epigramm der griechischen Anthologie zurück, welches dem Philosophen Platon zugeschrieben wird; eine erweiternde Umarbeitung des anmutigen Epigramms rührte von einem Freunde des Gellius her und wurde von Gellius in den 'Noctes Atticae' mitgeteilt. Crinitus hat sich in der Form an die bei Gellius vorliegende Fassung angeschlossen, aber eine weibliche Adresse gewählt und das Motiv breiter und anschaulicher ausgeführt. — Der Wortlaut von v. 21 scheint durch Kaiser Hadrians bekanntes Gedicht: 'Animula vagula blandula' (Anth. lat. No. 206. Ausg. v. Meyer, 1835, 1, S. 70) beeinflufst worden zu sein.

Vergleicht man nun die endgiltige Form, die Crinitus dem anmutigen Motiv gegeben hat, mit der bei Secundus Bas. XIII vorliegenden Behandlung, so läfst sich ein inniger Zusammenhang nicht verkennen. Wir werden daher wohl anzunehmen haben, dass die Wahl des (offenbar fingierten) Namens Neaera auf die Anregung des Crinitus zurückgeht. Allerdings wäre es möglich, auch an antike Vorbilder für den Namen zu denken, da er bei den römischen Dichtern mehrfach vorkommt; allein bei der sachlichen Übereinstimmung liegt es wohl am nächsten, Crinitus als Quelle anzunehmen.

Ebenso scheint es keinem Zweifel zu unterliegen, dafs Secundus durch das Gedicht Sannazars 'Ad Ninam' (unten abgedruckt S. 22 f.) entscheidend beeinflufst worden ist. Der Gedanke Bas. IX, 11 ff. steht ganz ersichtlich auch in der Form unter der Einwirkung Sannazars v. 3 ff., wenn er auch anders gewendet wird; und auch sonst sind die Anklänge bei Secundus nicht zu verkennen. Auch das nachfolgende Gedicht, auf das schon bei Burmann-Bosscha aufmerksam gemacht ist, kann auf Secundus eingewirkt und

v. 4 namentlich das in Bas. VI verarbeitete Motiv angeregt
haben (a. a. O. S. 43), während der Schluſs vielleicht für
Bas. IV vorbildlich gewesen ist.

> 'Ad amicam.
> Da mihi tu, mea lux, tot basia rapta petenti,
> Quot dederat vati Lesbia blanda suo.
> Sed quid pauca peto, petiit si pauca Catullus
> Basia? Pauca quidem, si numerentur, erunt.
> Da mihi, quot caelum stellas, quot litus arenas
> Silvaque quot frondes, gramina campus habet.
> Aere quot volucres, quot sunt in aequore pisces,
> Quot nova Cecropiae mella tuentur apes.
> Haec mihi si dederis, spernam mensasque deorum
> Et Ganimedaea pocula sumpta manu.'

Weiter möchte ich auf die von Burmann-Bosscha nicht
angezogene Elegie 'Ad amicam' hinweisen (a. a. O. S. 5 b f.).
Es ist nicht unwahrscheinlich, daſs das Hauptmotiv von
Bas. II, die Beschreibung des Wandelns im Elysium, auf
dieses Gedicht zurückgeht: und Sannazars Schluſswendung,
die im Hinblick auf Alter, Krankheit und Tod zum Lebens-
genuſs auffordert, ist vielleicht für den Schluſs von Bas. XVI
vorbildlich gewesen, wenn auch zuzugeben ist, daſs der
gleiche Gedanke sich auch bei den klassischen Dichtern
mehrfach findet.

Wenn es nun aber nach den gegebenen Mitteilungen
auch unzweifelhaft ist, daſs Secundus' Werk vielfache An-
regungen von der klassischen und humanistischen Dichtung
aufzuweisen hat, so ist es anderseits doch als eine durch-
aus originale Schöpfung zu bezeichnen. Denn die entlehnten
Motive sind in einer Weise aufgenommen und selbständig
neugestaltet worden, daſs sie ganz in den individuellen Be-
sitz des Dichters übergegangen sind. Ja, man kann sagen,
daſs man die poetische Kraft des Secundus gar nicht besser
erkennen kann als durch Vergleichung mit dem, was seine
humanistischen Vorbilder mit den von ihm entlehnten und
umgebildeten Motiven ausgerichtet haben. Namentlich eine
Nebeneinanderstellung von Beroaldus und Secundus ist nach
dieser Richtung hin ungemein lehrreich. Auf der einen

Seite eine öde Anhäufung antiker Phrasen und Reminiscenzen, auf der anderen eine ganz lebendige, aus persönlichem Erlebnis herausgewachsene Dichtung, deren unmittelbare Wirkung durch das klassische Gewand viel mehr erhöht als vermindert wird.

Bei dem verhältnismäfsig kleinen Kreise von Motiven, innerhalb dessen sich der Dichter bewegt, liegt die Gefahr aufserordentlich nahe, dafs eine gewisse Eintönigkeit sich geltend macht, wie wir das z. B. bei den Anakreontikern beobachten können. Wenn Secundus diese Gefahr durchaus vermieden hat, so ist das wohl vor allem daraus zu erklären, dafs seine fruchtbare Phantasie immer neue Formen und Einkleidungen zu finden verstanden hat. Neben den leidenschaftlichen Monologen der Liebesrhetorik ist die erzählende Form in verschiedener Art verwendet; eine gewisse Abwechslung wird auch schon durch den wechselnden Ton der Anrede an die Geliebte herbeigeführt. Vor allem aber ist es die überall erreichte Lebenswahrheit, die jeden Überdrufs verscheucht. In der leidenschaftlichen Kraft der dichterischen Sprache spürt man den Hauch des unmittelbaren Lebens; es sind keine schablonenhaften Liebesempfindungen, die vorgetragen werden, sondern man steht überall auf dem Boden der dichterisch verklärten Wirklichkeit.

Auch der Aufbau des ganzen Werkchens trägt mit dazu bei, ihm eine lebendige Wirkung zu sichern. Die beiden ersten Gedichte gestalten noch nicht eigentlich die Hauptmotive der Dichtung, sondern geben eine aus epischer und lyrischer Form gemischte einleitende Darstellung. Die sich anschliefsenden acht Stücke (bis Bas. X) schöpfen dann den Gegenstand nach allen Seiten hin aus, und es ist hübsch zu sehen, wie immer ein neues und fruchtbares Motiv aus dem schon behandelten gleichsam herauswächst. Hierauf schiebt der Dichter zwei Gedichte ein, die von dem Charakter der vorhergehenden acht Stücke abweichen und beide das Verhältnis des Dichters und seiner Geliebten zum Urteil der Menge zum Gegenstand haben. Aufserordentlich fein ist hier die Anknüpfung an das Vorhergehende und Nachfolgende hergestellt. Bas. XI schliefst sich in der Ausführung noch an die Art an, in der Secundus unmittelbar zuvor die

Kußmotive behandelt hat: Bas. XII führt von dem in Bas. XI angeschlagenen Gegenstand zu Neaera zurück und bereitet so den Übergang zu den beiden nächsten Gedichten (XIII und XIV) vor, die wieder im wesentlichen den Ton von III—X fortsetzen und weiterführen. Indessen diesmal reiht der Dichter mit weiser Absicht nicht wie beim ersten Male eine gröfsere Anzahl von Gedichten ähnlichen Inhaltes nebeneinander, sondern er schiebt schon nach zwei Stücken ein kleines episches Gedicht (Bas. XV) dazwischen. Offen bar hatte er das Gefühl, dafs der Überdrufs, der bei dem ersten Einsetzen der anmutigen Motive nicht zu fürchten war, sich bei der Wiederaufnahme zu leicht einstellen könnte. Deshalb läfst er auch auf Bas. XV wiederum nur zwei die Hauptmotive behandelnde Stücke folgen und reiht dann von neuem eine kleine epische Dichtung ein (Bas. XVIII), die durch die Anfangszeilen vortrefflich mit dem vorhergehenden Gedicht verbunden ist. Den Abschlufs bildet dann passend ein anmutiges Stück, in dem die beiden abwechselnd auftretenden Erfindungsreihen sehr glücklich miteinander verschmolzen sind.

Die Abwechslung, die der Dichter durch die Art des Aufbaues herbeizuführen verstanden hat, wird auch wesentlich durch das Metrum gefördert. Das wechselnde Versmafs verleiht der ganzen Dichtung eine freie Bewegung. Mit hohem Feinsinn hat der Dichter die verschiedenen Mafse den verschiedenen Gegenständen anzupassen gewufst. Das Gleiten und Schweben des liebenden Paares in den elysischen Gefilden kommt in dem für Bas. II gewählten Metrum vortrefflich zum Ausdruck, ebenso die leidenschaftliche Rede in dem Bas. XIV und XVIII verwendeten Versmafs. Wie ausgezeichnet sonst das Mafs den Charakter der dargestellten Vorgänge wiedergiebt, lehren Bas. VII, VIII, IX und XVI. Das elegische Metrum wird mit der Frische und Kraft gehandhabt, die aus den Elegien bekannt ist, den Dichtungen des Secundus, denen innerlich und äufserlich der Preis unser seinen Werken zuzugestehen ist. —

Bei der Abfassungszeit wird man als äufserste Grenzen des Dichters Ankunft in Spanien (Sommer 1534) und seinen Tod (Oktober 1536) ansetzen müssen. Dafs die in den

Basia besungene Geliebte eine Spanierin war, ist mehrfach bezeugt. Da das Werk überall den Stempel unmittelbaren Erlebnisses trägt, so wird man wohl kaum anzunehmen haben, dafs die Abfassung in die letzten Lebenstage des Secundus fällt. Da anderseits doch wohl ein gewisser Zeitraum zwischen dem Eintreffen in Spanien und dem Zustandekommen des Liebesverhältnisses liegt, so erscheint es wohl als das richtigste, ungefähr die Mitte der in Betracht kommenden Zeit ins Auge zu fassen. So ergiebt sich ganz ungezwungen etwa das Jahr 1535; früher jedenfalls als Ende 1531 oder später als Anfang 1536 wird das Werk sicher nicht verfafst worden sein.

II. Die Nachwirkung der Basia.

1. Einfluſs auf die neulateinische Litteratur.

Die 'Küsse' des Secundus haben eine aufserordentlich grofse Nachwirkung ausgeübt, und es gehört zu der Geschichte des Werkes, diese näher darzustellen. Bedeutend war zunächst der Einfluſs, den das Buch auf die neulateinische Dichtung hatte. Über diesen Punkt dürfen wir uns hier etwas kürzer fassen, da im Text durch sorgfältig ausgewählte Proben dafür gesorgt ist, daſs der Leser von der Art der Nachwirkung eine Vorstellung erhält. Die Einwirkung macht sich in der neulateinischen Dichtung ziemlich früh geltend. Am stärksten äufsert sie sich naturgemäſs in des Dichters Heimat, und hier wirken nicht blofs die Gedanken des Secundus fort, es wird auch die Form nachgeahmt: Janus Douza (1545—1604), Janus Lernutius (1545—1619) und Albertus Eufrenius († 1625) erscheinen je mit einem: 'Basia' betitelten Werke auf dem Schauplatze. Im allgemeinen kann man von diesen Dichtern sagen, daſs sie sich zu ihrem Meister verhalten wie die deutschen Anakreontiker zu ihrem Vorbilde, den unter dem Namen des Anakreon überlieferten graziösen Gedichten. Es konnte nicht anders sein, als daſs die Motive des Secundus vielfach wiederholt und umschrieben wurden und trotz mannigfacher Umstellungen doch immer deutlich erkennbar blieben. Am natürlichsten und frischesten zeigt sich von den drei genannten niederländischen Dichtern noch Janus Lernutius; eine gewisse anmutige Darstellung kommt ihm zu gute und läfst den bei derartigen Nachahmungen so leicht entstehenden Überdrufs nicht aufkommen, obgleich die Sammlung 29 Gedichte umfafst. Schwerfälliger ist Douza: seinen Gedichten merkt man vielfach das Gekünstelte und Gequälte an. Am höchsten stehen noch die elegischen Gedichte; hier bewegt sich Douza freier, während die in lyrischen Mafsen verfafsten Stücke recht trocken und ungeschickt erscheinen. So ist es nicht wunderbar, dafs Douzas beste Nachahmung des Secundus gar nicht in den Basia zu finden ist, sondern in seinen Elegien 'Cupidinum lib. II. Elegia VII.' (Poemata, 1609, S. 551 ff.), einem Stücke, das sich durch Lebhaftigkeit und Gewandtheit vorteilhaft vor den 'Basia' auszeichnet, um seines zu grofsen Umfangs willen indessen keine Aufnahme in unsere Sammlung finden konnte. Trotz des eben gekennzeichneten Charakters von Douzas 'Basia' haben diese doch einen französischen Übersetzer gefunden; in dieser (prosaischen) Übertragung tritt allerdings die Armut an fruchtbaren Gedanken und Erfindungen noch deutlicher als in dem Original hervor. Die Übersetzung steht in dem Sammelwerkchen: Choix des poesies, traduites du grec, du latin et de l'italien. Tom. II. Lond. 1786. Kann man bei den beiden ebengenannten Dichtern noch immer von einer selbständigen Thätigkeit sprechen, so zeigt sich dagegen Eufrenius als ein ganz äufserlicher Nachahmer; er lehnt sich so unmittelbar an Secundus an, dafs vielfach von einer eigenen Arbeit gar nicht die Rede sein kann. So wenn hier der Eingang von Secundus' Bas. X folgendermafsen umschrieben wird (Poemata Alberti Eufrenii. 1601. S. 630. Bas. XIII): 'Non eadem semper delectat basia amantes Figere, sed variis quae variata modis', worauf dann im wesentlichen eine verwässernde Bearbeitung des ganzen Basiums folgt. Auch scheinbar neue Motive wie die Zurückweisung eines Freundes, der den Frauendienst des Eufrenius tadelt, sind schon bei Secundus vorgebildet. Doch ist das letzte Motiv noch ganz erträglich in Bas. VIII S. 60 f.

behandelt. Im allgemeinen aber ist der poetische Wert sehr
gering anzuschlagen.

Ebenfalls noch dem 16. Jahrhundert gehört die cyklische
Nachahmung an, die Janus Bonefonius (1554—1614) unter dem
Titel 'Pancharis' (zuerst 1587) herausgab, während die ein-
zelnen Gedichte wie bei Secundus die Überschrift 'Basium'
führen. Auch hier ist ziemlich genaue Anlehnung an das
Original nicht immer vermieden, aber eine gewisse poetische
Kraft ist doch vorhanden und macht sich in der anmutigen
Ausführung des Einzelnen geltend. Dem dichterischen Wert
nach wird man Bonefonius etwa neben Lernutius zu stellen
haben. An die 32 Basia schliefst sich ein längeres Gedicht,
das seinen Titel 'Pervigilium Veneris' von der bekannten
pseudocatullischen Dichtung entlehnt. Thatsächlich ist aber
das Gedicht weiter nichts als eine Nachahmung von Secundus'
graziösem Epithalamium (Bl. Ra ff. der Ausgabe v. 1541), einem
der wenigen wahrhaft poetischen Stücke dieser Gattung.

Die letzte Nachahmung, die auch die cyklische Form
beibehält, ist in Deutschland entstanden. Ihr Verfasser,
Caspar Barth, ist als Opitz' Studiengenosse bekannt; seine
allerdings wegen ihrer dunklen Ausdrucksweise nicht immer
leicht zu verstehenden lateinischen Gedichte verdienten wohl
eine besondere Untersuchung, mehr noch sein 'Deutscher
Phönix' (1626), der eines der lehrreichsten Beispiele für die
Erscheinung giebt, dafs sich ein Poesiebeflissener des be-
ginnenden 17. Jahrhunderts äufserlich an die von Opitz an-
gebahnten Reformen anschliefst, während er thatsächlich
noch auf dem Boden der Metrik des Reformationszeitalters
steht. Barths 'Erotopaegnion' entlehnt den Titel nicht von
Secundus, sondern von einem kleinen gleichnamigen Werk-
chen des Italieners Hieronymus Angerianus (s. l. 1520),
welches eine Anzahl kleiner ansprechender Liebesgedichte
enthält.[1]) Barth hält sich in den 39 Gedichten, welche

---

[1]) Gleichfalls von Angerianus entlehnt ein französischer
Humanist den Titel: 'Gervasii Sepini Salmurei Erotopaegnion
libri tres ad Apollinem'. Parisiis 1553 (Exemplar auf der
Ambrosiana). Das Büchlein enthält einige recht gelungene
Stücke.

den Inhalt seines Erotopaegnions bilden, von direkter Anlehnung an Secundus freier als die bisher behandelten Dichter und zeigt eine gewisse selbständige Erfindungskraft. Dagegen ist sein sprachlicher Ausdruck so geschraubt und künstlich, dafs der Sinn zuweilen dadurch vollständig verdunkelt wird. Deshalb wird man das Buch an Bedeutung in die letzte Reihe der Nachahmungen zu stellen haben, nur der Freund der deutschen Dichtung wird dem Werke seine Teilnahme zuwenden, da Paul Fleming No. 19 des 'Erotopaegnions' recht hübsch ins Deutsche übersetzt hat Deutsche Gedichte her. v. Lappenberg 1. S. 208).

Freier konnten sich die Nachahmer des Secundus bewegen, welche auf die durch die cyklische Form bedingte gröfsere Anzahl von Nachdichtungen verzichteten. Das gilt namentlich von dem Schotten Georg Buchanan (1506—1582), der in fünf Gedichten seiner Hendecasyllaben die Motive des Secundus recht anmutig zu verwerten gewufst hat (vgl. dazu noch das Epigramm 'Ad Neaeram', S. 357 der Ausgabe von 1687). Bei anderen Dichtern hat freilich auch die beschränkte Zahl vor wörtlicher Benutzung des Materials nicht geschützt, so bei dem Franzosen M. A. Muret (1526—1585), der in seiner Sammlung: Juvenilia, S. 65 (vgl. unten p. XXXVII f.) den Hauptinhalt von Bas. VII mit der bekannten Schlufszeile von Bas. VIII zusammenschweifst. Mit gröfserer Selbständigkeit hat er die unten S. 36 f. wiedergegebene Elegie dem Secundus nachgedichtet. Selbstverständlich ist mit diesen wenigen Stücken der Einflufs des Secundus auf die neulateinische Poesie nicht erschöpft. Am stärksten zeigt er sich in den Niederlanden, wo z. B. Daniel Heinsius, der merkwürdigerweise in seinen niederländischen Gedichten keine Anlehnung an Secundus zeigt, unmittelbar an ihn anknüpft (Dan. Heinsii poemata. S. 191 der Ausg. v. 1617. Eleg. Lib. I. No. VIII u. ö.). Spärlicher ist die Nachwirkung in Deutschland, obgleich es auch hier wenigstens nicht ganz an Nachklängen fehlt, z. B. bei Matthäus Zuber ('Rosibella, hoc est Amores et suspiria'. Walckhornae. 1617. S. 47) das Gedicht: 'Ad Rosibellam, suam Nyeem'.

Wichtiger indessen als derartige vereinzelte Spuren des Einflusses ist die Wirkung nach einer anderen Richtung. Nach dem Vorbilde der 'Basia' stellten neulateinische Dichter cyklische Dichtungen zusammen, bei denen in ähnlicher Weise wie die Küsse bei Secundus irgend ein beliebiger Reiz der Geliebten den Mittelpunkt bildete und nach den Motiven hin, die sich ihm abgewinnen ließen, möglichst ausgeschöpft wurde. Der erste, der dem Secundus auf dieser Bahn folgte, war Janus Lernutius mit seinem Cyklus 'Ocelli'. Zeichnen sich schon die 'Basia' des Lernutius unter allen Nachahmungen des Secundus vorteilhaft aus, so darf man den 42 Gedichten, aus denen die 'Ocelli' bestehen, ein noch höheres Lob zuerteilen, weil der Dichter hier nicht in ausgetretenen Geleisen wandelt, sondern selbständig gestaltet, obgleich auch hier das Vorbild des Secundus nicht zu verkennen ist. Selbstverständlich gereicht der dadurch nahegelegte Vergleich dem Lernutius nicht zum Vorteil, denn dieser ist nicht ein wirklicher Dichter wie Secundus, sondern gehört zu den Durchschnittspoeten der neulateinischen Dichtungsmasse. Immerhin aber hat er den dankbaren Stoff gut auszubeuten verstanden und eine Reihe anmutiger kleiner Gedichte geschaffen, denen eine bedeutende und bis jetzt wenig bekannte Wirkung bestimmt war. — In ähnlicher Weise wie hier Lernutius die Augen, hat Eufrenius das Haar der Geliebten in den Mittelpunkt seiner Dichtung gestellt. Auch bei Eufrenius läßt sich das Belebende selbstständiger Arbeit nicht verkennen; denn in seinem Cyklus 'Coma' (aus dem das Gedicht unten S. 33 entnommen ist) zeigt er sich bei weitem frischer und urwüchsiger als in seinen 'Basia'. Manche Motive werden dabei nicht ohne Anmut gestaltet; Bienen fühlen sich von dem Haare Isabellas angezogen und wollen dort Honig naschen; der Liebende überrascht seine Freundin beim Kämmen; Amor hält Isabella beim Kämmen den Spiegel vor; der Dichter schildert die verschiedenen Arten, in denen die Frauen ihr Haar behandeln, Isabella aber erscheint ihm am schönsten in ihrer einfachen und immer gleichen Haartracht. Eine gewisse Erfindungs- und Gestaltungskraft muß auch hier anerkannt werden. — Diese Art des cyklischen Aufbaues hat sich dann auch in der neulateinischen Poesie der anderen Nationen durchgesetzt; und die 'Basia' müssen jedenfalls als Ausgangspunkt dieser Entwicklung angesehen werden.

2. Einfluſs der Basia auf die Nationallitteraturen.

War die bisher geschilderte Entwicklung wenigstens in ihren Grundzügen bekannt, so ist über das Nachleben des Werkes in den verschiedenen Nationallitteraturen bisher nur einzelnes an den Tag gekommen. Deshalb wird ein Versuch gewiſs gerechtfertigt sein, auch diesen Teil der Geschichte des Werkes darzustellen, zumal die meisten Thatsachen, die in dem Nachfolgenden mitgeteilt werden, ganz unbekannt sind. Bei der Bedeutung des Gegenstandes und bei der schweren Zugänglichkeit vieler der behandelten Schriftsteller sind eine gewisse Ausführlichkeit und die Darbietung einzelner Stellen wohl am Platze.

Holland.

Frühzeitig wurde es unternommen, die 'Basia' dem Niederländischen anzueignen. Ein von J. Douza und seinen Freunden herrührender Versuch ist mir nicht zugänglich gewesen; auch eine bei Burmann-Bosscha erwähnte Nachahmung von L. Reael (1583—1637) habe ich nicht benutzen können. Aber auch in späterer Zeit war die Wirkung der 'Basia' auf die niederländische Litteratur groſs und bei weitem gröſser, als man bisher angenommen hat.

Ziemlich genau an seine Vorlage hat sich J. Westerbaen (1599—1670) gehalten (Alle de Gedichten van J. Westerbaen, Deel 1. 1672. S. 87ff.), und er bezeichnet auch seine Arbeit als Übersetzungen aus Secundus. Die 15 Stücke, die er vorlegt, geben denn auch im wesentlichen die entsprechenden Gedichte wieder; in einzelnen Fällen aber hat Westerbaen es doch nicht unterlassen können, Zusätze einzufügen, die allerdings seinem Geschmacke keine Ehre machen. So hat er den schönen Anfang von Bas. XIII noch durch ein ganz prosaisches Bild von einem sterbenden Fisch, der seine Flossen von sich streckt, zu verdeutlichen gesucht (a. a. O. S. 96).

'Ick lagh heel asgeslooft, siel-toogend, uytgereckt,
   Mijn Rosemond, myn leven,
Gelijk een vischje, dat zijn vinnen van sich streckt
   Als het de geest wil geven.'

In noch häſslicherer Weise hat er das Bas. XIX durch

Zufügung plumper Eindeutigkeiten entstellt: ich kann darauf verzichten, die Stelle anzuführen.

Haben wir es in diesem Falle nur mit einer freieren Übertragung zu thun, so liegt die erste in das Gebiet der wirklichen Nachahmung gehörende Dichtung in einer Sammlung von Liedern vor, die vielleicht, aber keineswegs sicher, dem Dichter und Staatsmann Simon von Beaumont (1573 oder 74—1657) zuzuschreiben ist (abgedruckt in der Ausgabe der Gedichten van Simon van Beaumont, her. v. J. Tiedemann, Utrecht 1843, S. 268 ff.). Es sind dreizehn Stücke; wiese die einem jeden zuteil gewordene Bezeichnung 'Kusje' nicht schon auf Secundus hin, so würde die Anlehnung sich daraus ergeben, dafs No. 5, 8, 11, 12 und 13 ziemlich genaue Übertragungen von Bas. III, IV, XI, VII und XIV sind. Die anderen Gedichte (mit Ausnahme eines einzigen [No. 4], das Catull nachgeahmt ist), behandeln die in den 'Basia' verwerteten Motive freier und zum Teil nicht ohne Reiz. Aus Secundus übernommen ist das zwiespältige, zwischen Lust und Schmerz schwankende Gefühl, welches die Küsse der Geliebten in dem Dichter erzeugen (No. 1, 2, 9), aus Secundus stammt die Ermahnung zum Lebensgenufs (No. 3), ebenso sind die Aufzählungen in No. 6 durch Secundus vermittelt. Etwas freier bewegt der Dichter sich in dem zehnten 'Kufs', wo er sich mehr der Weise der Anakreontiker nähert und gar nicht übel schildert, wie er sich trotz des Verbotes der Geliebten durch List einen Kufs zu verschaffen weifs. Von der dichterischen Eigenart des Verfassers mag das nachfolgende kürzeste Gedicht (No. 7) eine Vorstellung geben.

'O weergaâloze kus, vol hoonighraân!
Zo meesterlijk ghegheven en ontfangen;
  Uw weelderige kittelingen braân
Mij't harte in een rusteloos verlangen,
  Om weer op zulk banket te ghast te ghaân,
Zo dat die pijn mij zo komt prangen,
  Dat ruck en smaak van al uw zoet verslaan
En ongelijk meer druk, als luk mij langen.
  Des wilt ghij mij met rechte weeld verzaân,
Zo maak, dat ik, wen ik mijn lippen aan

Liefs lipjes druk, daar door haar zo vervange,
En doe in zulk een vloedt van nectar baân,
Dat zij daar op verzot, mij toe wil staan
Onscheidelijk haar an haar mondt te hangen.'

Eine gewisse Frische wird man diesem kleinen Gedichte zugestehen müssen, diese fehlt auch da nicht, wo der Dichter sich enger an Secundus anschliefst; man vgl. z. B. den Anfang von No. 13 (= Bas. XIV):

'Wegh! wat biedt ghij mij uw lippen?
Harde Doris, harder dan
D' allerhardste Noordsche klippen,
Om mijn hart te steeken an
En te troonen tot uw kusjes.'

Hier zeigt sich in der Sprache und Aneignung, z. B. in der Wiedergabe des 'duro marmore durior', doch eine freie und lebhafte poetische Beweglichkeit.

Es schliefst sich zunächst J. Six van Chandelier (geb. 1612) mit zwei 'Kusje' betitelten Gedichten an (Poesy, verdeelt in ses booken, en eenige opschriften. Te Amsterdam 1657. S. 243 f. und S. 264 f.). Das längere der beiden Gedichte knüpft an das Motiv des Secundus von den thauigen Küssen an: die Geliebte wischt sich nach jedem Kusse den Mund ab; darüber macht ihr der Dichter Vorwürfe und führt die Gedankenreihe, die sich hieraus ergiebt, nicht ohne Anmut weiter aus. Noch näher hält er sich in dem nachfolgenden ersten Stück an Secundus, doch ist auch hier eine gewisse eigene Freiheit nicht zu verkennen.

'O Suikere sukaade mond,
Die 't huisjen van myn zieltjen, wondt,
Als ik, met kusjes, heb gesoogen
Den nectar van uw rooseboogen.
Het bietje, dat het soete was,
Uit rosmaryn, en saali las,
Zou ver, van nuchtre bloempjes, wyken,
Zoo 't op u lipjes neer mocht stryken.
Dat lekkertant, om Hyble, wensch,
Of om den hooningh die Provens

>   Vergaart: Ik heb Roselles roosen,
>   Voor mynen bloembergh, uitgekoosen.'

Auch Le Bleus hat in seinen zehn 'Kusjes'. Le Bleus Minnevlam. Amsterdam 1659. S. 64 ff.) die aus Secundus entlehnten Motive meist in selbständiger Weise zu verwerten gewufst und sie entweder mit anakreontischen Motiven vermischt oder sie doch in anakreontischer Weise ausgeführt. So erweitert er z. B. das in Bas. XIX vorliegende Motiv in Kusje III zu einer förmlichen anakreontischen Erzählung; die epische pastorale Einkleidung erinnert an die in der deutschen Dichtung des siebzehnten Jahrhunderts typisch gewordenen Anfänge ('Daphnis ging in tiefen Sinnen' usw.), die aus der holländischen Dichtung zu stammen scheinen und bei Le Bleus auch sonst vorkommen (vgl. S. 26). Ähnlich frei ist in Kusje IX (S. 130 ff.) der Gedanke von dem Herübergehen der Seele des Geliebten in die Geliebte (Bas. XIII) verwertet worden. In andern Stücken, so z. B. in Kusje 1, versucht der Dichter selbständige Motive auszuführen, was jedoch wiederum mit starker Anlehnung an die Art der pastoralen Poesie geschieht. Indessen läfst sich doch die unmittelbare Nachahmung des Secundus auch im einzelnen nicht verkennen. So z. B. in den allgemeinen Ausrufungen Kusje IV (S. 80).

>   'O Goddelijke kus! O voedsel van mijn leven!
>   Wilt doch altijd aen my dit onderhoudsel geven,
>   Ghy sult my in de plaets van Goden-drank en wijn,
>   Ghy sult my in de plaets van kost'lijk eeten sijn.'

Noch genauer schiiefst er sich in anderen Stücken an Secundus an, so in Kusje VII (S. 120 ff.) an Bas. XIV (der Anfang erinnert auffällig an die oben p. XVII unter Beaumonts Namen behandelte Übertragung, doch scheint die Übereinstimmung nur zufällig zu sein).

>   'Waerom biedt ghy my de tippen
>   Van u lippen
>   Rood als bloed?
>   Ghy sult met u dertel becken
>   Niet weer trecken
>   Mijn gemoed.

> Ick en acht niet meer u kusjes
> Noch de lusjes
> Van u mond;
> Schoon dat ghy my door u wangen
> Hebt gevangen
> En gewondt.'

Im weiteren Verlaufe des Gedichtes werden dann die bei Secundus zu Grunde liegenden Gedanken weiter ausgeführt. Ähnlich wie hier lehnt sich der Dichter in Kusje IX (S. 130 ff.) an Bas. V an; der Anfang zeigt die Übereinstimmung deutlich:

> 'Als ick u lippen met de mijn
> Vast houde en daer aen blijf hangen,
> En doe die mijne ziel ontfangen
> Terwijl ick aen u mond verdwijn',
> En ghy gelijke lust betuygt
> Als ghy weerom mijn lippen suygt,
> En sijgt van vreuchd ter neder,
> Dan seg ick by mijn self, o! hoog-verheven Goon.
> Al schonckt ghy my u troon
> Voor Amaril, ick gafs' u willich weder.' —

Noch stärker als bei Le Bleus sind die Gedanken des Secundus bei Jan de Brune, dem Jüngeren, († 1649) mit Motiven der pastoralen Poesie vermischt. Seine aus 9 Stücken bestehende Sammlung 'Kusjes' (Alle volgeestige Werken van Jan de Brune. 1668. S. 344 ff.) bietet uns mehrfach ganz nach dem bekannten Schema Hirtengespräche zwischen Philemon und Laura, und auch sonst bedient sich Brune beliebter pastoraler Einkleidungen. Trotzdem tritt auch hier überall die Einwirkung des Secundus hervor, so z. B. in der Ermahnung zum Lebens- und Liebesgenufs, die das Grundmotiv fast eines jeden der neun Gedichte bildet. An Bas. XIII werden wir erinnert, wenn es in Kusje I heifst: 'Ach! ach! Nimph voor wie ik kniele, — Mijne ziele — Leyt gevangen in u mont', — worauf dann dieser Gedanke ganz im Sinne des Secundus, aber in selbständiger, sinnfälliger Darstellung nicht ohne Anmut ausgeführt wird. Das Bas. XIII hat offenbar den Dichter besonders angezogen, denn er hat es auch in Kusje II nachgedichtet, wobei er noch Motive aus Bas. XIX hineingearbeitet hat. Ich gebe die erste Hälfte des Gedichtes. (Die auffallende Übereinstimmung der ersten Zeile mit der oben angeführten Übersetzung von Westerbaen springt in die Augen; es wäre nicht unmöglich, dafs Brune Westerbaens Übersetzung gekannt hat; leider ist mir die Ausgabe der Gedichte und Lieder Westerbaens vom Jahre 1644 im Augenblicke nicht zugänglich.)

> ''K lag zieltogend' uitgestrekt,
>   En bedekt
> Met een wolk des doodts mijn ooge.
> 't Scheen mijn ziele zou terstont
>   Uyt mijn mont
> Haar vlucht drijven naar om hooge.
> Wanneer Laura tot my schoot,
>   En anbood
> Hare minnelike lippen:
> Hare lippen, daar de biên
>   Wel toevliên
> Om haar honig uit te kippen.
> Door de soetigheen, die sy
>   Doe an my,
> Quam door haar gekus te geven;
> Voeld' ik strax dat in my weer
>   Daalde neer
> Een nieu en een minlijk leven.'

Merkwürdigerweise scheinen die eigentlichen Gröfsen der niederländischen Poesie, Hooft und Vondel, von Secundus nicht beeinflufst worden zu sein. Auch Cats weist keine Einwirkung auf, was bei dessen Sinnesart allerdings nicht allzu wunderbar ist. Eher könnte man glauben, dafs Cats gelegentlich gegen Secundus polemisierte. In einem kleinen Gedicht bezieht er sich vielleicht auf den Anfang von Bas. II und bekämpft die Ansicht, dafs der Epheu den Baum aus Liebe umschlinge, während doch vielmehr seine Umarmung schädlich sei. (Dichtwerken van Jacob Cats. Deventer 1845. 2, S. 101; Text nach der Amsterdamer Ausgabe von 1661, S. 118.)

'Wanneer het klim de boom omvanght,
En om sijn gulle tacken hanght,
Of aen sijn groene schorse kleeft,
Het schijnt al waer het vry beleeft;
Het schijnt (nae dat men buyten siet)
Dat 't kruyt den boom sijn liefde biet;
Maer daer het ooge niet en gaet,
Daer schuylt, o vrient! daar leght het quaet' usw.

Die daraus sich ergebenden Gedanken führt er dann in seiner trockenen und prosaischen Weise weiter aus.

Da oben gezeigt worden ist, dafs Lernutius' 'Ocelli' durch die 'Basia' angeregt sind, so hat man wohl das Recht, wenigstens hier auf eine von den 'Ocelli' abhängige Dichtung einzugehen, die demnach mittelbar durch Secundus' Anregung hervorgerufen ist. Eine Verfolgung der Spuren der 'Ocelli' in der Litteratur namentlich des endenden 16. und des 17. Jahrhunderts wäre überhaupt eine aufserordentlich lohnende Arbeit. Hier kann selbstverständlich nicht im einzelnen auf alle Nachwirkungen eingegangen werden, doch wird der Leser hier und da gelegentliche Nachweise finden. Wohl aber mufs auf eine niederländische Nachahmung der 'Ocelli' aufmerksam gemacht werden, nämlich auf den Liedercyklus 'Roselijns Oochies' von Daniel Jonctys (1600—1654; das Buch erschien Dordrecht 1639). Die 59 Gedichte, geben teils mehr oder minder freie Übertragungen von Lernutius' 'Ocelli', teils führen sie die von dem neulateinischen Dichter gelegentlich angedeuteten Motive näher aus. Für unsere Zwecke wird es genügen, den Anfang der Nachahmung des unten S. 28 mitgeteilten Gedichtes zu geben (a. a. O. No. 50, Sa f.).

'Soele Sephyr, lustich luchje,
Levend-makend Lente-vruchje,
Wien ons aller Moeder d'Aerd
Vt haer lenden heeft gebaert;
  Dat gy Chloris sachte sinnen
Altijd minsaem vind', in't minnen;
Dat gansch Aeoli geslacht
V de schoonst van allen achtt:
  Lieve wilt u vlugge veren

Na de Lage Landen keeren:
Lage Landen, hoeg geroemt,
Waer men Mars, en Venus noemt.
Landen, die de Min-Godinne
Boven Eryx schijnt te minnen;
Landen, die haer keurig kind
Boven Cyprus heeft gesint.'

Nun hat aber Jonctys keineswegs blofs von Lernutius gelernt, sondern er hat sich, wie namentlich aus den freieren Gedichten hervorgeht, ganz offenbar an Secundus angelehnt und seine Weise nachzuahmen gesucht, wenn auch die wörtlichen Anklänge nicht allzu auffallend sind. Äufserlich findet dies Verhältnis seinen Ausdruck dadurch, dafs er den 'Oochies' ein Gedicht beigegeben hat: 'Eerste Hovlycks-Kusies' (a. a. O. Va ff.). Es ist eine freie Übersetzung von Secundus' graziösem Hochzeitsgedichte (s. oben p. XII). Die nahe Verwandtschaft, die dieses Stück in seiner Stimmung mit den 'Basia' aufweist, hebt Jonctys dadurch hervor, dafs er es in einer Anmerkung scherzhaft als Basium XX bezeichnet.

Frankreich.

Noch stärker als in den Niederlanden war die Einwirkung der 'Basia' in Frankreich. Dafs das Buch in Frankreich schon sehr bald sich den Beifall der besten Geister gewann, bezeugt uns Montaigne, der es neben dem Dekameron und Rabelais als sein Lieblingsbuch bezeichnet (Essais II, 10). So kann es uns nicht Wunder nehmen, dafs wir in Frankreich schon ziemlich früh die Beeinflussung der Nationallitteratur durch die 'Basia' beobachten können. Die lateinischen Nachdichtungen der 'Basia' von Bonefonius (s. o. p. XII) fanden schnell einen Übersetzer in Gilles Durant (ca. 1550—1616; die Uebertragungen und Dichtungen zuerst Paris 1587. Ich mufs nach der Ausg. Amsterdam 1725 citieren), und dieser hat seinen Übertragungen der 'Basia' des Bonefonius noch eine Reihe zierlicher 'gayetez amoureuses' hinzugefügt, in denen der Einflufs des Secundus nicht zu verkennen ist. So hat Gilles in einem sehr umfangreichen Gedichte 'Baiser' S. 127 eine ganze Reihe von Motiven aus Secundus verarbeitet; man vgl. z. B. S. 128:

> 'Mais avant que je te baise,
> Fais un peu de la mauvaise,
> Feignant de me refuser,
> Quand je te voudray baiser,
> Et plus ferme qu'une roche,
> Ne permets que je t'aproche.'

Dieses Motiv, das dann breit ausgeführt wird, entstammt Bas. IX, während im weiteren Verlaufe Motive aus Bas. XIII verwertet worden sind. In ähnlicher Weise sind in anderen Gedichten, dem Sonnet S. 117, der Gayeté S. 127, dem Baiser S. 109 und S. 158 und anderen Stücken Motive aus Secundus nach- und umgebildet worden. Und in dem Baiser S. 125 haben wir es mit nichts anderem als mit einer freien Übertragung von Bas. VIII zu thun, wie schon der Anfang zeigen wird:

> 'Quelle fureur insensée,
> Quelle rage t'a poussée,
> De mordre ma langue ainsi,
> Qui estoit à ta mercy?
> Est-ce que tes dents ont crainte,
> Qu'assez ma poitrine atteinte,
> Ne soit de ce trait vainqueur,
> Dont tu m'as percé le cœur?' usw

Durant Gilles hatte Beziehungen zur Plejade, wie denn einzelne zur Plejade gehörende Dichter seinem Werkchen empfehlende Verse beigegeben haben. Thatsächlich scheint es sich dabei um gemeinsame Neigungen gehandelt zu haben, denn auch die Dichter der Plejade sehen wir stark durch Secundus beeinflufst. So giebt z. B. Ronsard in einer Chanson eine ziemlich genaue Nachdichtung von Bas. II, allerdings ohne irgendwie auf sein Vorbild hinzuweisen (chanson III: Oeuvres ed. Marty-Laveaux. 1887. I, S. 363 ff.).

I.

> Plus estroit que la Vigne à l'Ormeau se marie
>   De bras souplement-forts,
> Du lien de tes mains, Maistresse, ie te prie,
>   Enlace-moy le corps.

II.

Et feignant de dormir, d'une mignarde face
    Sur mon front panche toy:
Inspire, en me baisant, ton haleine et ta grace
    Et ton coeur dedans moy.

III.

Puis appuyant ton sein sur la mien qui se pâme,
    Pour mon mal appaiser,
Serre plus fort mon col, et me redonne l'ame
    Par l'esprit d'un baiser.

IV.

Si tu me fais ce bien, par tes yeux ie te iure
    Serment qui m'est si cher,
Que de tes bras aimez iamais autre avanture
    Ne pourra m'arracher.

V.

Mais souffrant doucement le ioug de ton Empire,
    Tant soit-il rigoureux,
Dans les champs Elisez une mesme navire
    Nous passera tous deux.

VI.

Là morts de trop aimer sous les branches Myrtines,
    Nous voirrons tous les iours
Les anciens Heros auprès des Heroïnes
    Ne parler que d'amours.

VII.

Tantost nous dancerons par les fleurs des riuages
    Sous maints accords diuers,
Tantost lassez du bal irons sous les ombrages
    Des Lauriers tousiours verds:

VIII.

Où le mollet Zephyre en haletant secoué
    De soupirs printaniers
Ores les Orangers, ores mignard se ioué
    Entre les Citronniers.

IX.

Là du plaisant Auril la saison immortelle
 Sans eschange se fuit:
La terre sans labeur de sa grasse mammelle
 Toute chose y produit.

X.

D'embas la troupe sainte autrefois amoureuse,
 Nous honorant sur tous,
Viendra nous saluer, s'estimant bien-heureuse
 De s'accointer de nous.

XI.

Puis nous faisant asseoir dessus l'herbe fleurie
 De toutes au milieu,
Nulle en se retirant ne sera point marrie
 De nous quitter son lieu.

XII.

Non celle qu'un Toreau sous une peau menteuse
 Emporta par la mer:
Non celle qu'Apollon veit vierge despiteuse
 En laurier se former:

XIII.

Ny celles qui s'en vont toutes tristes ensemble,
 Artemise et Didon:
Ny ceste belle Grecque à qui ta beauté semble
 Comme tu fais de nom.

Augenscheinlich genofs gerade das entsprechende Gedicht des Secundus bei den Dichtern der Plejade grofse Beliebtheit: wenigstens hat es auch Remy Belleau, von dessen Beeinflussung durch die 'Basia' noch weiter die Rede sein wird, treu übersetzt. Das dreizehnstrophige Gedicht ist in Belleaus Werk 'La Bergerie' eingewebt; so wenig wie bei Ronsard wird hier mit einem Worte darauf hingewiesen, dafs es nur eine freie Umdichtung des Bas. II ist (Oeuvres poetiques de Remy Belleau ed. Marty-Laveaux. I, S. 310 ff.).

 'Comme la vigne tendre
  Bourgeonnant vient estendre

> En menus entrelas
> Ses petits bras,
> Et de façon gentille,
> Mollette s'entortille
> A l'entour des ormeaux,
> A petits noeuds glissante
> Sur le ventre rampante
> Des prochains arbrisseaux.'

Man kann schon aus dieser einen Strophe die weitschweifige Art der Umdichtung ersehen; da das ganze Stück hier nicht mitgeteilt werden kann, so sei wenigstens noch Strophe 7 angeführt, die Z. 12—14 des Secundus umschreibt.

> 'Mais sur la bouche tienne
> Et toy dessus la mienne
> Languissans nous mourrions,
> Et passerions
> Deux ames amoureuses,
> Les rives tortueuses
> Par dessus la noire eau,
> Courant dedans la salle
> De ce royaume palle,
> En un mesme bateau.'

Etwas freier hat Antoine de Baif dieses Basium des Secundus nachgedichtet, aber immer noch mit genauer Anlehnung an den Gedankengang von Secundus' Gedichte (Oeuvres en rime de Jan Antoine de Baif ed. Marty-Laveaux. Paris 1881. I. S. 81). Der eben citierten Strophe entsprechen dort folgende Verse:

> 'En ces baisers nous mourrions:
> Deux amants en bateau mesme
> Passez au royaume blesme
> A iamais nous demourrions.'

Überhaupt zeigt sich Antoine de Baif aufserordentlich durch Secundus beeinflufst; das Gedicht in den 'Amours de Meline', 1. Buch (a. a. O. S. 46): 'Il m'échape un iour de dire' ist eine Nachahmung von Bas. XVIII. Durchaus auf Anregungen der 'Basia' des Secundus beruhen die Gedichte im 2. Buch der 'Amours' (a. a. O. S. 69 f. u. S. 70 f.).

Zeigt Baif hier noch wenigstens eine gewisse dichterische
Freiheit, so hat er in anderen Gedichten Secundus ziemlich
wörtlich übersetzt: a. a. O. S. 75 steht eine Nachdichtung
von Bas. IX, wie wohl bei dem Vergleich der hier mitzu-
teilenden ersten beiden Strophen mit den vier ersten Strophen
des Secundus niemand bestreiten wird.

'Tousiours ne me donne pas
Des baisers de moyte bouche,
Ny tousiours entre mes bras
Comme mourant ne te couche:
Souuent l'aise trop ioyeux
Rend le plaisir ennuyeux:
Le trop de miel a coutume
De tourner en amertume.

Lors que ie t'en demandray
Tout en un bloc trois fois quatre,
Quant plus ie m'y attendray,
Dix tu me dois en rabatre,
Et ne m'en bailler que deux
Qui ne soyent longs ne moyteux:
Tels que la fille à son pere
Ou la seur donne à son frere.'

In der gleichen Weise hat Baif (a. a. O. S. 78) Bas. VIII
bearbeitet:

'Quelle furieuse rage
  Ton courage
Epoinçone tellement
A mordre quand ie te baise,
  Ha, mauuaise,
Ma langue cruellement?'

Natürlich ist auch bei diesen beiden Gedichten mit
keinem Worte angedeutet, dafs es sich um Nachahmung
eines fremden Dichters handelt.

Joachim du Bellay zeigt sich in seinen 'Jeux rustiques'
von Secundus abhängig. In dem Gedichte: 'Bayser' (Oeuvres.
Paris 1573, S. 443) lehnt er sich allerdings ganz offenbar in
erster Linie an das oben p. VII mitgeteilte Gedicht Sannazars
'Ad amicam' an, daneben sind aber doch wohl Anregungen

des Secundus wirksam gewesen. Unzweifelhaft scheint mir jedenfalls das Gedicht 'Autre Bayser' (a. a. O. S. 114a) von Secundas abhängig zu sein.

'Quand ton col de couleur de rose
Se donne à mon ambrassement
Et ton oeil languist doulcement
D'une paupiere à demy close,
　Mon ame se fond du desir,
Dont elle est ardentement pleine,
Et ne peult souffrir a grand' peine
La force d'un si grand plaisir.
　Puis quand i'approche de la tienne
Ma léure, et qui si pres je suis,
Que la fleur recueillir ie puis
De ton haleine Ambrosienne:
　Quand le souspir de ces odeurs,
Ou nos deux langues qui se iouënt,
Moitement folastrent et nouënt,
Euente mes doulces ardeurs,
　Il me semble estre assis à table
Avec les Dieux, tant suis heureux,
Et boire à longs traicts sauoureux
Leur doulx breuuage delectable.
　Si le bien qui au plus grand bien
Est plus prochain, prendre on me laisse,
Pourquoy ne permets-tu, Maistresse,
Qu'encores le plus grand soit mien?
　As-tu peur que la iouissance
D'un si grand heur me face Dieu,
Et que sans toy ie vole au lieu
D'eternelle resiouissance?
　Belle, n'aye peur de cela,
Par tout où sera ta demeure,
Mon ciel iusqu'à tant que ie meure,
Et mon paradis sera là.'

Eine Anlehnung an Secundus liegt auch bei Olivier de Magny vor. Die beiden Gedichte 'A s'amye' und 'A Anne pour baiser' (Les odes d'Olivier de Magny. Neudruck.

Lyon 1876. S. 390 ff.) stehen ganz ersichtlich unter der Einwirkung der 'Basia'. In diesen Gedichten ist Magny etwas selbständiger; dagegen giebt er in einer andern Ode wie Baif nur eine freie Umdichtung von Bas. VIII, wie die Anfangszeilen beweisen mögen (a. a. O. S. 396 f.).

> 'Et quoy belle en vous apaisant,
> En vous baisant et rebaisant,
> Vous m'auez la langue mordüe,
> La langue qui vous a rendüe
> Dedans mes vers en mille lieux.
> Immortelle comme les Dieux?'

Sehen wir so, wie von den Dichtern der Plejade die einzelnen 'Basia' in mehr oder weniger freier Form nachgeahmt wurden, so kann es nicht Wunder nehmen, wenn auch schon hier der Versuch auftaucht, die gesamte cyklische Form nachzubilden. Die 'Baisers', die Remy Belleau in seine 'Bergerie' eingewebt hat, umfassen 49 Gedichte, meist Sonette, welche die Motive des Secundus nachbilden oder an Einzelheiten aus den 'Basia' anknüpfen und sie weiter ausführen. In welcher Weise auf bestimmte Gedanken aus Secundus angespielt wird, läfst sich z. B. an der ersten Strophe des nachfolgenden Sonettes (a. a. O. II, 90) erkennen (wo ein Hinweis auf Bas. I nicht nötig ist):

> 'Ha! doux baiser, fils aisné de la Rose
> Qui deroba de la playe d'Adon
> Le teint vermeil, et prit de Cupidon
> Le doux parfum dans sa léure declose',

worauf dann die überirdische Wonne des Kusses der Geliebten geschildert wird. Obgleich es hier ähnlich wie bei den lateinischen Nachahmungen an wiederholter Wiederkehr gleicher oder doch sehr ähnlicher Motive nicht fehlt, mufs man es Remy Belleau doch nachrühmen, dafs er die entlehnten Gedanken nicht selten glücklich weitergebildet und mit gutem Geschmack zum Ausdruck gebracht hat. Unangenehm fällt dabei allerdings manchmal die rhetorische Häufung und die Wiederkehr der gleichen Formeln auf. Freilich ist zum Teil daran die gewählte poetische Form schuld; und am freiesten bewegt sich der Dichter in den

wenigen Stücken, in denen er die Sonettform aufgiebt, so in
No. 6, dessen Anfang wenigstens zeigen möge, wie der
Dichter die Motive des Secundus (vgl. namentlich Bas. V
und XIII, doch sind auch gelegentlich andere Motive ver-
wendet) auszugestalten sucht (a. a. O. S. 88).

'Quand ie vay recueillant dessus tes léures douces
Un baiser moite et glout,
Quant ta langue et la mienne à petites secousses
Frayent bout contre bout,
Ceste humeur devient glere, et se prend, et se caille,
Pour faire un petit corps,
Je le sens qui desia nuit et iour me travaille
De mille et mille morts.'

Im allgemeinen wird man über Belleaus Nachdichtung,
wenn man den aus der Zeit sich ergebenden Mafsstab an-
legt, ein günstiges Urteil fällen; an Frische und Leiden-
schaftlichkeit ragen diese Gedichte unter den Erzeugnissen
der Plejade beträchtlich hervor, wenn auch diese nicht
wegzuleugnenden Vorzüge zum grofsen Teile der anregenden
Kraft des Secundus ihren Ursprung verdanken. Remy
Belleau scheint selbst übrigens bei der beständigen Wieder-
kehr derselben Motive eine gewisse Einförmigkeit gefürchtet
zu haben; deshalb knüpft er am Schlusse seiner 'Baisers' an
ein anderes Vorbild an, nämlich an Janus Lernutius. Die
zehn Sonette, die sich an das eigentlich letzte der Kufs-
gedichte anschliefsen (a. a. O. 1, S. 102 ff.), sind nämlich
weiter nichts als Nachdichtungen von Lernutius' 'Ocelli', die
hier in ähnlicher Weise benutzt werden wie die 'Basia' in
den 'Baisers'. Bei unserer Bestimmung des Verhältnisses
dieser Gedichte zu Secundus' Werk kann also auch in
diesen Stücken Belleaus eine indirekte Nachwirkung des
Secundus gesehen werden.

Spärlicher als bei den bisher dargestellten Vertretern
der Plejade sind die Anklänge bei Malesherbes' Vorläufer
Philippe Desportes; doch wird man wohl immerhin be-
rechtigt sein, die nachfolgenden Verse auf den Einflufs des
Secundus zurückzuführen (Oeuvres ed. A. Michiels, Paris 1858,
S. 142):

'Ce ne sont point des baisers, ma mignonne.
Ce ne sont point des baisers que tu donne;
Ce sont de doux appas
Faits de nectar, de sucre et de canelle,
Afin de rendre une amour mutuelle
Vivre apres le trepas.'

Dagegen scheint Malesherbes von Secundus nicht beeinflufst worden zu sein. Überhaupt ist wohl seit dem Beginn des 17. Jahrhunderts die Einwirkung des Secundus zurückgetreten. Im Laufe des 17. Jahrhunderts und am Beginne des folgenden finden wir zwar wiederholt ähnliche Motive wie in den 'Basia', aber es ist nicht notwendig, sie auf Secundus zurückzuführen, und eine Einwirkung, die allerdings auch nicht ganz ausgeschlossen ist, könnte höchstens mittelbar sein. Das gilt z. B. von dem Gedicht Brebeufs (1618—1661), 'Sur un baiser dérobé' (Oeuvres diverses. s. l. e. a. S. 187 ff.), welches kaum Beziehungen zu Secundus hat. Etwas näher stehen diesem die beiden Sonette von Colletet (1598—1659) 'Baisers' und 'Baisers recens' (Poesies diverses. Paris 1656. S. 136 und 166), von denen namentlich das zweite am Schlusse von unfreiwilliger Komik ist, was uns bei einem Dichter überrascht, der der Freude an der Waldeinsamkeit so feinen Ausdruck zu verleihen weifs. Auch um die Wende des 17. und 18. Jahrhunderts finden wir wenig Anklänge an Secundus; so haben Gedichte verwandten Inhalts bei Jean Baptiste Rousseau (Cantate 'Sur un baiser: Oeuvres complettes. 1795 Bd. I, S. 369 f.) und Grécourts trockenes und schwungloses Stück 'Le baiser' (Oeuvres. 1763. 3. S. 23 ff.) mit Secundus kaum etwas zu thun. Ebenso verhält es sich mit zahlreichen Gedichten in französischen Almanachen und ähnlichen Sammlungen des 18. Jahrhunderts.

Dafs indessen die 'Basia' trotzdem in Frankreich fortfuhren, ihre Wirkung auszuüben, bezeugt die freie Umdichtung, die Claude-Joseph Dorat in seinem Cyklus 'Les baisers' (1770; ich mufs nach einer späteren Ausg. Paris 1793 citieren) ihnen zuteil werden liefs. Das Werkchen besteht aus zwanzig Gedichten, denen eine schöne 'Hymne an baiser' vorausgeht. Von den zwanzig Stücken lehnen sich elf (No. 1,

2, 5, 6, 8, 10, 11, 12, 14, 18, 19) ziemlich genau an Secundus an; eines (No. 13) giebt eine Nachahmung des Catull. Die übrigen erinnern eigentlich weniger an die Art des Secundus als an die landläufige Weise der französischen Lyrik des 18. Jahrhunderts. So wenn in No. 3 die Überraschung der schlafenden Geliebten geschildert wird oder in No. 17 die Gefühle zum Ausdruck kommen, die den Dichter während der Abwesenheit der Geliebten bewegen. Schön weifs der Dichter in No. 4 die alte Zeit als das goldene Zeitalter der Liebe zu preisen. Mythologische Erfindungen etwas frostiger Art zeigen No. 7 und 9. Als das gelungenste Stück ist wohl No. 15 zu bezeichnen, während No. 16 wieder durch seine Anlage aus dem Rahmen des Ganzen etwas herausfällt. No. 20 möge als Beispiel hier folgen (a. a. O. S. 71).

'La couronne de fleurs.

Renversé doucement dans les bras de Thais,
Le front ceint d'un léger nuage,
Je lui disois: lorsque tu me souris,
Peut-être sur ma tête il s'élève un orage.
  Que pense-t-on de mes écrits?
Je dois aimer mes vers, puisqu'ils sont ton ouvrage.
  Occuperai — je les cent voix
  De la vagabonde déesse?
A ses faveurs pour obtenir des droits,
Suffit-il, ô Thaïs! de sentir la tendresse?
Thaïs alors, sur de récens gazons,
Cueille des fleurs, en tresse une couronne:
  Tiens, c'est ainsi que je réponds;
  Voila le prix de tes chansons,
  Et c'est ma main, qui te le donne!
Renonce, me dit-elle, à l'orgueil des lauriers;
Laisse ces froids honneurs qu'ici tu te proposes,
  Il faut des couronnes de roses
A qui peignit l'Amour et chanta les Baisers.'

Überschaut man nun diese freien Dichtungen Dorats sowie die teils ziemlich genau Secundus folgenden, teils seine Motive im einzelnen weiter ausführenden Gedichte, so wird man auch bei der Beurteilung des ganzen eine gewisse Uneinheitlichkeit nicht verkennen können. Der Widerspruch zwischen dem Geiste der Renaissance, der in Secundus zum Ausdruck kommt, und dem Ton, auf den die französische Lyrik des 18. Jahrhunderts gestimmt war, macht sich zu auffällig geltend. Das hat kein Geringerer empfunden und ausgesprochen als Mirabeau, der während seiner Haft in Vincennes (1778—1780) eine Übersetzung der 'Basia' anfertigte und diese an seine geliebte Sophie schickte. In dem Briefe, in dem er Sophie die Übersetzung ankündigte (Lettres originales de Mirabeau etc. Paris 1792. 2, S. 98 ff.), sagt er: 'Mr. Dorat a imité en vers quelques uns de ces baisers, mais il n'a pris que les idées, qui lui ont convenu. Il a souvent mis sa manière (oh oui c'est bien le mot) a la chaleur de son modèle.' Mirabeau hat sich in seiner Übertragung (veröffentlicht ist sie zusammen mit der ebenfalls in Vincennes entstandenen Tibullübersetzung, Paris 1796) genau an sein Vorbild gehalten, nur dafs er Neaeras Namen durch den seiner Sophie ersetzt. Aber trotzdem man es mit einer blofsen Übersetzung zu thun hat, trägt diese Arbeit doch ein höchst persönliches Gepräge, denn die Sprache atmet eine solche Glut und Kraft der Leidenschaft, dafs wir in dem Übersetzer eine dem Dichter kongeniale Persönlichkeit erkennen. Zu der unmittelbaren Wirkung trägt allerdings nicht wenig die Thatsache bei, dafs Mirabeau es verschmäht hat, die Poesie des Secundus in französische Verse zu pressen, dafs er vielmehr sich einer frei dahinrauschenden, schönen und kernigen Prosa bedient.

Italien.

In Italien sind die Nachwirkungen der 'Basia' nicht so ausgedehnt wie in Frankreich; immerhin aber übt das Werk eine nicht unbeträchtliche Wirkung aus. So zeigt sich Marini durch Secundus beeinflufst. Es ist nicht unwahrscheinlich, dafs die zahlreichen Madrigale und Kanzonen, in denen der Kufs nach den verschiedensten Seiten hin beleuchtet wird (Rime S. 249—65; ich mufs nach einer späteren Auflage, Venedig 1664. citieren), auf die Anregungen des Secundus zurückzuführen sind; unzweifelhaft abhängig von Secundus und zwar von Bas. VIII zeigt sich Marini in dem Gedicht 'Bacio mordace' (a. a. O. S. 43):

'Che ferità, che rabbia
Fù la tua, Lilla mia, quando mordesti
Con le tue le mie labbia?
Forse cosi volesti
Al tuo servo disciolto,
Perch'a fuggir non habbia,
Segnar la bocca, ou' altri suole il volto?
Bastar dovea, che questi
Caratteri stampasse, o rigid'angue,
Nel core il foco, e non nel labro il sangue.'

Im Wetteifer mit Marini haben nun andere gleichzeitige italienische Dichter die Motive des Secundus behandelt. Die Kufsgedichte des Tommaso Stigliani († 1625) scheinen allerdings von Marini unabhängig zu sein, weisen auch verhältnismäfsig wenig Beziehungen zu Secundus auf, so dafs hier über die Beeinflussung gestritten werden kann (Tommaso Stigliani, Il Canzoniero. Venetia 1625. S. 210 f.). Bei den anderen Poeten ist indessen, wie schon die Wiederkehr des Titels 'Bacio mordace' beweist, Marinis Vorbild mafsgebend; ja man kann darüber im Zweifel sein, ob diese Dichter nicht ausschliefslich Marini nachahmten, ohne Secundus überhaupt gekannt zu haben. Für wahrscheinlich halte ich die ausschliefsliche Nachahmung des Marini bei einem etwas späteren Dichter, bei Antonio Abati († 1667); sein Gedicht 'Bacio mordace' (Poesie postume di Antonio Abati. Venetia 1676. S. 66) gemahnt mehr an die Weise des Marini als an die des Secundus. Dagegen mufs man, wie ich glaube, die Kufsgedichte von Giovanni Battista Mamiano (Rime o. J. [1620] S. 154 ff.) auf Anregungen des Secundus zurückführen. Auch hier begegnet uns ein 'Bacio mordace', der eine Vorstellung von der Art des Autors geben möge.

'Bocca, strale d'Amor dolce, e pungente,
  Nel campo del piacer guerrera ardita,
  Tromba, ch'un pigro cor desta, ed invita,
  D'amoroso venen vipera ardente,
Guerra m'indisse, e con l'acuto dente
  Stampando nel mio seno empia ferita.

L'anima mi feri lieta e smarrita,
Che volontaria al suo morir consente.
Onde, benche condotta à morte l'havo
Pur richiedo di novo i morsi suoi
E del labro crudel l'ago soave.
Maga gentil, che spiri ira, e pietate,
Con quale arte d'incanto (oime) far puoi,
Che le ferite sian care, ed amate?'

Kann man über das Verhältnis der bisher mitgeteilten Gedichte verschiedener Meinung sein, so scheint es mir dadagegen sicher, dafs in dem Cyklus 'I baci' von Gasparo Murtola (Rime. Venetia 1604. S. 120—45) eine unmittelbare Nachahmung des Secundus vorliegt. Das erhellt namentlich aus Canz. XXVI (a. a. O. S. 144 b f.), die weiter nichts ist als eine freie Übersetzung von Bas. VIII, wie die nachfolgenden vier ersten Strophen zeigen werden:

'Perche mordesti i miei
Labri cruda che sei,
Perche, ohime, gli pungesti,
Filli, mentre baciar quelli volesti?

Forse non sono assai
Le saette, che mi hai
Fisso, lasso, entro il seno
Con la fiamma, e l'ardor col lor baleno?

Ah non far dura piaga
A chi solo s'appaga
Di cantar le tue lode
E no le tue dolcezze, ebra sol gode.

Questa bocca ferita
Cantò già di te ardita,
E disse alteramente
La tua bocca, il tuo crin, l'occhio lucente.'

Hier kann wohl die unmittelbare Einwirkung des Secundus nicht in Abrede gestellt werden; indessen tritt sie auch in anderen Gedichten deutlich hervor. In vielen Stücken dagegen verhält der Autor sich selbständig, er führt mancherlei neue Motive ein und weifs sie in den kurzen Madrigalen nicht übel darzustellen. Anakreontische Erfindungen drängen sich zwischen die Gedanken des Secundus und führen manchmal zu ganz hübschen Gedichten. Es ist immerhin nicht ohne Interesse, zu verfolgen, wie diese Vermischung vor sich geht. Aus Secundus entnimmt Murtola z. B. den Streit zwischen Lippen und Augen (Bas. VII). Aber die Art, in der er dieses dankbare Motiv in einer längeren Kanzone 'Gli occhi e la bocca' (a. a. O. S. 128 ff.) in erzählender Form vorträgt, zeigt, dafs er bei der Verwertung durchaus mit den Mitteln der Anakreontik arbeitet.

Murtola hat wie Belleau in Frankreich nicht blofs Secundus, sondern auch Lernutius benutzt. An diesen lehnt sich sein Cyklus 'Gli occhi' (a. a. O. S. 16 ff.) an. Es scheint überhaupt, als ob diese cyklische Zusammenfassung in der Lyrik Italiens durch Secundus und Lernutius angeregt worden sei (wobei sich selbstverständlich darüber streiten läfst, ob diese Einwirkung direkt oder indirekt stattgefunden hat; vgl. die Ausführungen unten). Die Küsse und die Augen geben das Vorbild für weitere Aneinanderreihungen nach einem bestimmten Gesichtspunkte. Murtola selbst ist ein gutes Beispiel: er behandelt in der gleichen Weise 'le lacrime', 'i pallori', 'i nei' usw. (Die Thränen als cyklische Zusammenfassung auch in anderen Litteraturen, z. B. bei den Niederländern, so der oben erwähnte Le Bleus, Thränen über den Tod von Amaril [a. a. O. S. 146 ff.] ganz wie Secundus: erste Thräne, zweite Thräne usw.; ähnlich in Polen bei Kochanowski). Aber auch bei anderen gleichzeitigen italienischen Dichtern finden wir die gleiche Form, z. B. bei Mutio Manfredi (Madrigali Venetia. 1606).

Die Frage mufs selbstverständlich aufgeworfen werden, ob die behandelten Motive vielleicht nur mittelbar von Secundus entlehnt worden sind. Unmöglich wäre es nicht, dafs die französische Dichtung, namentlich die Plejade, hier die Vermittlerin gemacht hätte, zumal es ja bekannt ist, wie grofs die Einwirkung namentlich Ronsards auf die italienische Poesie gewesen ist. Allein nach der Beschaffenheit des zu betrachtenden Materiales liegt ein zwingender Grund zu dieser Annahme nicht vor.

England.

In England beginnt die Einwirkung der 'Basia' auf die selbständige litterarische Produktion verhältnismäfsig früh. Zwar die verwandten Motive, die sich gelegentlich bei Sydney (The complette poems ed. Grosart. London 1877. 1, S. 107) und Spenser (Works ed. Collier. 1862. 5, S. 148. Sonett No. 64) finden, können auf zufälliger Übereinstimmung beruhen. Nicht zu bestreiten ist dagegen wohl die Einwirkung des Secundus auf Giles Fletcher, den Älteren († 1610). Dieser hat in seinem 19. Sonett (Poems of Giles Fletcher [1593] ed. Grosart. 1876. S. 20), die in Bas. XIII vorliegenden Motive benutzt und in freier Weise ausgeführt. In einem zweiten Falle scheint er sich nicht an Secundus selbst, sondern an einen seiner unmittelbaren neulateinischen Nachahmer anzulehnen. Denn seinem 35. Sonett (S. 36) liegt höchst wahrscheinlich das oben p. XIII erwähnte Gedicht Murets zu Grunde, in welchem der Hauptinhalt von Bas. VII zusammengefafst und aufserdem noch die Schlufszeile von Bas. VIII mit hineinverwebt ist. Unmöglich wäre es nun freilich nicht, dafs Fletcher selbst ebenfalls auf den Gedanken einer solchen Umschmelzung gekommen wäre; indessen eine Nebeneinanderstellung beider Gedichte beweist doch wohl, dafs Muret die unmittelbare Quelle war. Für die Geschichte des Nachlebens der 'Basia' ist auch dieses Beispiel einer mittelbaren Nachwirkung nicht ohne Interesse.

'When as I wish, faire Licia for a kisse:
From those sweet lippes, where Rose and Lillies strive,
Straight doe mine eies, repine at such a blisse,
And seeke my lippes, thereof for to deprive:
When as I seeke, to glut mine eies, by sight,
My lippes repine, and call mine eies away:
Thus both contend, to have each others right:
And both conspire, to worke my full decay.
O force admyr'd, of beautie in her pride:
In whose each part, such strange effects there be,
That all my forces, in themselves devide:
And make my senses, plainlie disagree.
 If all were mine, this envie would be gone:
 Then graunt me all (faire sweet) or grant me none.'

Daneben das Gedicht von M. A. Muretus (Juvenilia. Paris 1553, S. 67):

Margaridi:

Dum te, Margari, basiare conor,
Labris protinus invident ocelli,
Aspectuque tui carere nolunt.
Quod si contuitu beare ocellos
Tentarim, labra protinus repugnant,
Quae ad sese iste tuus vocat trahitque
Candor purpureo natans in ore,
Vt ferrum Herculeus trahit lapillus.
O vis eximiae superba formae,
Quae me vel mihi dissidere cogit.

Unter Secundus' Einfluſs steht ersichtlich auch William Drummond (1585—1649). Von Bas. VIII abhängig sind die S. 101 f. (The poetical works of W. D. ed. by W. Turnbull London 1856) zusammengestellten drei Gedichte (wozu noch in den nachgelassenen Gedichten a. a. O. S. 322 zu vergleichen ist); auch das Gedicht 'A kiss' (S. 100) geht offenbar auf Secundus zurück. Von der Art, in der Drummond die entlehnten Motive verwertete, wird das nachfolgende Gedicht (S. 96) noch am besten eine Vorstellung geben:

'Kisses desired.

Though I with strange desire
To kiss those rosy lips am set on fire,
Yet will I cease to crave
Sweet touches in such store,
As he who long before
From Lesbia them in thousands did receive.
Heart mine, but once me kiss,
And I by that sweet bliss
Even swear to cease you to importune more:
Poor one no number is;
Another word of me ye shall not hear
After one kisse, but still one kiss, my dear.'

Jedenfalls hat der Einfluſs des Secundus bei Drummond ziemlich lange angehalten, denn auch unter seinen nachgelassenen Gedichten findet sich ein Stück, in welchem die

Motive des Secundus nicht übel verarbeitet sind ('Of a kiss' a. a. O. S. 321 f.).

Diesem ersten kräftigen Einsetzen von Secundus' Einwirkung entspricht aber sein Einfluſs auf die spätere englische Lyrik keineswegs. Im Laufe des 17. Jahrhunderts tritt die Nachahmung des Secundus durchaus zurück; es finden sich ja, wie es bei einer Liebesdichtung selbstverständlich ist, gewiſse äuſserliche Anklänge, aber diese nötigen nicht dazu, einen unmittelbaren Zusammenhang anzunehmen. Daſs Secundus auch am Anfange des 18. Jahrhunderts mit seinen 'Küssen' in England noch keineswegs vergessen ist, lehren die Übersetzungen von Bas. I und II, die der in Popes Kreis gehörende Elijah Fenton (1683—1730) geliefert hat (Works. London 1779. S. 303 ff.). Die Übertragungen sind geschickt und geben das Original getreu wieder, nur daſs der Name Neaera dem anakreontisch-pastoralen Geschmack der Zeit entsprechend durch Chloris wiedergegeben wird. Daſs auch im weiteren Verlaufe des Jahrhunderts in England das Interesse für Secundus nicht erlosch — wenn es sich auch in der Beeinflussung der selbständigen litterarischen Produktion wenig bemerkbar machte —, bezeugt eine von Peerlkamp ('De vita et doctrina Nederlandorum etc. S. 47) angeführte anonyme englische Übersetzung: London 1775. Diese ist mir leider ebenso wie die bei Goedeke II², S. 121 citierte Übersetzung London 1812, unzugänglich geblieben, so daſs ich über diese Übertragungen und ihr Verhältnis zu einander keine Angaben zu machen vermag.

Deutschland.

Verhältnismäſsig recht gering ist auch die Einwirkung, die die 'Basia' in Deutschland ausüben, wenigstens während des 17. und des beginnenden 18. Jahrhunderts. Diese Behauptung wird überraschen, da die Ansicht zu herrschen scheint, daſs der Einfluſs des Secundus auf die deutsche Litteratur des 17. Jahrhunderts vielmehr auſserordentlich groſs gewesen sei. So heiſst es in dem freilich nicht erschöpfenden Artikel in der Allgemeinen Deutschen Biographie 33, S. 521 über Secundus: 'Besonders in der deutschen Lyrik des

17. Jahrhunderts finden sich seine Spuren auf Schritt und Tritt.' Da es sich demnach wohl um eine Aufstellung handelt, die ohne Prüfung nachgesprochen wird, so wird es notwendig sein, im einzelnen festzustellen, wie es sich mit diesem angeblichen Fortleben der 'Basia' in der deutschen Litteratur des 17. Jahrhunderts verhält.

Unzweifelhaft scheint mir bei Weckherlin eine Anlehnung an Secundus vorzuliegen: das Gedicht 'Kufs' (G. R. Weckherlins Gedichte, her. v. Fischer. Tübingen 1894. S. 262 ff.) erinnert, und zwar nicht blofs in den Motiven, sondern auch in ihrer Ausführung, so deutlich an Secundus, dafs ich eine direkte Beeinflussung für gesichert halte. Ebenso glaube ich, dafs der Lobgesang auf die Küsse in der vierten Ekloge (Fischers Ausgabe, 2, S. 384) auf Secundus zurückzuführen ist, zumal auch in der dritten Ekloge sich eine Stelle findet, die aller Wahrscheinlichkeit nach dem Anfang von Bas. II nachgebildet worden ist (a. a. O. 2, S. 380).

'Gleichwie das Epheu, grün den baum jung oder alt,
Gleichwie die liebend-gaile Reben,
Den Pfal und auch sich selbs umgeben:
So lieb und halt mich hoch wie ich dich lieb und halt
Mit lieb und lusts-gewalt.
Ich weifs nicht was, wo, wie, indem ich understützelet
Mit meinem deinen mund, mich kützelet und kritzelet.'

Dagegen bin ich nicht sicher, ob die Schilderung der Rosen S. 486 ff. von Bas. I abhängig ist, halte es aber für wahrscheinlich.

Für ebenso sicher halte ich die Herübernahme wenigstens des Titels der 'Basia' in einem geistlichen Werke, dem 'Hohenlied in Küssen' von Justus Sieber (1653). Den Stoff für diese Sammlung hat Sieber einem anderen neulateinischen Dichter, dem Polen Sarbievius, entlehnt. Sarbievius' in Betracht kommende Arbeit 'Divinus amor' hat aber die Bezeichnung 'Küsse' nicht, und da Sieber ganz wie Secundus: Erster Kufs, zweiter Kufs usw. schreibt, so dürfen wir wohl annehmen, dafs er den Stoff von dem einen neulateinischen Poeten, die Form von dem anderen, nämlich von Secundus, entlehnt hat.

Mit diesen Nachweisen aber verlassen wir schon das Gebiet der Wahrscheinlichkeit und begeben uns auf das der allgemeinsten Anklänge, bei denen eine sichere Entscheidung schwer zu treffen ist. So berührt sich Opitz' Gedicht 'An die Bienen' (Poemata. Frankfurt 1644. 2. S. 361) zwar mit Bas. XIX, es wird aber wohl eher auf Meleagers Gedicht (oben p. III) zurückzuführen sein. (Opitz hat zwei Epigramme des Secundus übersetzt: Florilegium epigrammatum. Frankfurt 1644. S. 36 f.) Ähnlich verhält es sich mit Flemings Gedicht: 'An die Bienen' (Lappenbergs Ausgabe 1. S. 198). Möglich wäre es, dafs Fleming, der in seinen lateinischen Gedichten durch Secundus beeinflufst worden ist, von den 'Basia' zu seinem Gedicht 'Wie er wolte geküfst sein' (1. S. 106) angeregt worden wäre, aber die Anklänge sind nicht so, dafs sie eine derartige Annahme unumgänglich nötig machten. Auch 'Der Kufs' von Zacharias Lund (Allerhand artige Deutsche Gedichte. Leipzig 1636. S. 18 f.) ist trotz der verwandten Motive wohl nicht von Secundus abhängig. Ähnlich verhält es sich mit scheinbaren Anklängen bei Homburg (Schimpff- vnd Ernsthaffte Clio, ander Theil 1638, No. XXXVII und mehr noch No. CXXXII an seine Chloris) und bei David Schirmer (Poetisches Rosengepüsche. 1657), wo aber doch vielleicht wenigstens der Ausdruck 'Kufsrosen' aus Bas. I entlehnt ist, Vielfach ist die Verwandtschaft der Motive darauf zurückzuführen, dafs die gleichen Quellen wie bei Secundus vorliegen, z. B. Catull: so singt ein ärmlicher Poesiebeflissener, Joachim Christoph Finx, in seinem 'Preufsischen Ehren-Preifs' (Königsberg 1645. E. v. b.)

'Nim hin, da hast du meinen Mund,
  Vnd küfs jhn tausendmahl!
Wenn er dich machen kan gesund,
  Vnd frey von Liebes-Qual;
Doch lafs niemand wissen,
Wieviel wir geniessen
An der Zahl! Echo. An der Zahl.'

Zu den drei letzten Versen hat der Autor am Rande angemerkt: Catull.

Auch in der späteren Lyrik des 17. Jahrhunderts kann

man von einer deutlich erkennbaren Einwirkung der 'Basia' nicht eigentlich sprechen. M. v. Waldberg bemerkt in seiner vortrefflichen Monographie 'Die galante Lyrik' S. 56: 'Manche anderen (Kufs-) Motive lassen sich auf die Basia des Secundus zurückführen.' Indessen mufs ich auch hier sagen, dafs aufser den allgemeinsten Anklängen wenig Schlagendes zu finden ist. In den Liebesgedichten Hofmanswaldaus und seines Anhanges z. B. ist direkte Anlehnung selten mit Sicherheit nachzuweisen. Das anonyme Gedicht: 'Die vortrefflichkeit der Küsse' (Herrn v. Hofmanswaldaus und anderer Deutschen . . . Gedichte. 1, 1695, S. 273 ff.) berührt sich so gut wie gar nicht mit Secundus. Eher könnte man an die Einwirknng der 'Basia' bei zwei anderen Stücken dieser Sammlung denken. 1. S. 209 ff. steht eine Arbeit von Hofmanswaldau 'Streit der schwartzen augen, rothen lippen und weissen brüste'. An dieses Gedicht knüpft ein 2, S. 303 veröffentlichtes anderes Gedicht von Heinrich Mühlpforth an, das den Gegenstand noch erweitert: 'Wettstreit der haare, augen, wangen, lippen, halfs und brüste. Hier wäre eine Beeinflussung durch das oben erwähnte Gedicht Murtolas 'Gli occhi e la bocca' nicht nur möglich, sondern sogar wahrscheinlich. Da dieses Stück unzweifelhaft durch Bas. VII angeregt worden ist, so hätte man hier wenigstens das Recht, von einer mittelbaren Einwirkung der 'Basia' zu sprechen. Auch bei den späteren galanten Dichtern findet sich keine Anlehnung an die 'Basia', z. B. nicht bei Menke, was in der That Wunder nehmen kann, da diese Poeten verwandte lateinische Dichtungen, z. B. das 'Erotopaegnion' des Angerianus (oben p. XII) benutzt haben.

Ebensowenig kann man am Anfange des 18. Jahrhunderts von einem stärkeren Einflufs der 'Basia' reden. Günther hat zwar — wenig glücklich — das Hochzeitsgedicht des Secundus (Gedichte. 1735. S. 241 ff.) nachgebildet, im übrigen aber zeigt er keine nennenswerte Einwirkung des Secundus. Ähnlich stellt sich das Verhältnis bei den meisten Dichtern der ersten Hälfte des Jahrhunderts.

Später dagegen ist der Einflufs der 'Basia' von nicht geringer Tragweite gewesen. Es ist bekannt, wie sehr

Goethe sich durch das Werkchen angezogen fühlte, das er am Anfang der siebziger Jahre kennen gelernt und namentlich seit dem Herbst 1776 wieder eifrig gelesen hat. Wie grofs der Eindruck war, den die heitere Sinnlichkeit des Secundus auf ihn ausübt, bezeugt das Gedicht 'An den Geist des Johannes Secundus', das er am 2. November 1776 an Frau von Stein schickte (Löpers Ausgabe 2, S. 339). Später (1789) strich Goethe die Beziehungen zu Secundus aus dem Gedicht, das er in dieser Umformung unter dem Titel 'Liebebedürfnis' in seine Werke aufnahm. Auch so wie das Stück jetzt vorliegt, ist der Einflufs des Secundus nicht zu verkennen. Er zeigt sich nicht blofs in dem verwendeten Versmafs und der Herübernahme von Motiven aus Bas. V und VIII, sondern vor allem in der ganzen Stimmung, die ersichtlich an die Weise des Secundus gemahnt. Dafs sich auch Goethe später immer noch mit den 'Basia' beschäftigte, lehrt die Thatsache, dafs er die Schlufszeile von Bas. VIII sich als ein bedeutungsvolles Wort besonders notiert hat (Sprüche in Prosa, No. 321, Hempel 19, S. 72). Dafs Goethe auch durch die andern Dichtungen des Secundus wesentlich angeregt worden ist, glaube ich im Goethe-Jahrbuch 13, S. 199 ff. dargethan zu haben; es genügt hier, auf diesen Aufsatz zu verweisen.

Auch Bürgers poetisches Schaffen hat aus den 'Basia' Nahrung gesogen. Zwar auf gelegentliche kleine Übereinstimmungen in den Motiven, wie sie z. B. A. E. Berger in den Anmerkungen zu seiner trefflichen Ausgabe von Bürgers Gedichten, S. 105 u. ö. hervorhebt, möchte ich keinen zu grofsen Wert legen, da ihnen eine entscheidende Beweiskraft abgeht. Trotzdem kann an der Beeinflussung Bürgers durch Secundus kein Zweifel sein. Denn Bürgers Gedicht 'Die Umarmung' (Bergers Ausgabe S. 106 ff.) ist nicht blofs durch Bas. II angeregt, sondern ist überhaupt weiter nichts als eine freie und sehr gelungene Umdichtung mit breiter Ausführung einzelner, dem Dichter besonders dankbar erscheinender Motive. Die Art, in der die Umformung erfolgt ist, wird man am besten erkennen, wenn man die nachfolgenden Strophen mit der Vorlage bei Secundus Bas. II. 12 ff. vergleicht:

>   'Komm' o kom' und laſs uns sterben!
> Mir entlodert schon der Geist.
> Fluch vermachet sei dem Erben,
> Der uns von einander reiſst!
>   Unter Myrthen, wo wir fallen,
> Bleib' uns eine Gruft bevor!
> Unsre Seelen aber wallen
> In vereintem Hauch empor.
>
>   In die seligen Gefilde
> Voller Wohlgeruch und Pracht,
> Denen stete Frühlingsmilde
> Vom entwölkten Himmel lacht;
>   Wo die Bäume schöner blühen,
> Wo die Quellen, wo der Wind
> Und der Vögel Melodieen
> Lieblicher und reiner sind;
>   Wo das Auge des Betrübten
> Seine Thränen ausgeweint,
> Und Geliebte mit Geliebten,
> Ewig das Geschick vereint' usw.

Zuletzt möge hier ein kleinerer Geist angeführt werden, der weniger um seiner litterarischen Bedeutung als um seiner persönlichen Wirksamkeit willen bemerkenswert ist, Johann Georg Scheffner. Dieser war ein groſser Verehrer des Secundus und hat in einem hübschen, anonymen Büchlein 'Die Küsse des Joh. Secundus in drey Sprachen' (1798) den Urtext, Mirabeaus Übersetzung und zwei deutsche Übertragungen abgedruckt, auch eine hübsche Einleitung vorausgeschickt, die manche brauchbare Notiz bringt. Seine Vorliebe für Secundus hat er auch in seinen berüchtigten 'Gedichten im Geschmacke des Grecourts' (Frankfurt und Leipzig 1771) bewiesen (ich konnte nur die 4. Auflage benutzen, die unter dem Titel: Gedichte nach dem Leben, London 1786 erschienen ist). Er sagt hier in der Vorrede, S. 4, die Gedichte müſsten eigentlich 'Gedichte im Geschmacke des Joh. Secundus' heiſsen. Thatsächlich aber paſst für diese Erzeugnisse einer ganz verdorbenen Phantasie der Name Grecourts besser als der des Secundus; und man wird in dem Buch auch nur einmal an Secundus, nämlich an den Anfang von Bas. II erinnert:

'Wie sich die Rebe um den Ulmbaum schliefst,
Wie in der Hecke sich zween Rosenzweige gatten
Und unbemerkt dann unterm Blätterschatten
Der Zephyr ihre Rosen küfst;
So schlank wand ich mich auch in Röschens Arme.'

III. Textbehandlung und Bibliographie.

1. Basia.

Für die Gestaltung des Textes kommen hauptsächlich zwei Drucke in Betracht:
A = Joannis Secundi Hagiensis Basia. Et alia quaedam. Lugduni Apud Seb. Gryphium. 1539.
B = Joannis Secundi Hagiensis opera. Traiecti Batavorum Hermannus Borculous excudebat. Anno XLI.

A erweist sich durchaus als der Abdruck einer unfertigen und flüchtig niedergeschriebenen Fassung. Das geht aus der Mehrzahl der unten mitgeteilten Lesarten deutlich hervor, wie es sich auch aus dem Fehlen des Bas. XIX ergiebt. Es war daher notwendig, die sonst bei der Bearbeitung der LLD. herrschenden Grundsätze zu durchbrechen und von einer Wiedergabe der Editio princeps abzusehen. Deshalb ist der in B vorliegende Text abgedruckt worden, und zwar haben wir die Fassung auch in den Fällen beibehalten, wo A unseres Erachtens die bessere Lesart bietet, z. B. Bas. I Z. 8, wo Scriver in der sogleich zu nennenden Ausgabe den Text von A wiederhergestellt hat. Im übrigen giebt diese Ausgabe: 'Joannis Secundi opera, quae reperiri potuerunt, omnia, curante atque edente Petro Scriverio. Lugd. Bat. 1619.' (2. Aufl. 1631, 3. Aufl. 1651) B getreu wieder. Nicht zugänglich sind mir die bei Burmann-Bosscha, Bibliographie, III und IV genannten zwischen B und Scrivers Ausgabe liegenden Drucke: 'Poetae tres elegantissimi, emendati et aucti, Marullus, Angerianus, Secundus. Parisiis 1582' und 'Poemata et effigies trium fratrum Belgarum. Apud Elzevirium. 1612.' Indessen für eine Ausgabe scheinen diese Drucke keine Bedeutung zu haben, wenigstens haben Burmann-Bosscha keine abweichende Lesart angemerkt. Anders verhält es sich mit einem mir ebenfalls leider unzugänglich gebliebenen Buche, dem sog. Codex Francii. P. Francius hat zu Scrivers dritter Ausgabe aus den in seinem Besitz gewesenen Autographen Lesarten mitgeteilt. Ob es sich bei den Autographen um Secundus' Manuskripte oder um die Scrivers gehandelt hat, ist zweifelhaft. Für die 'Basia' scheint sich indessen nach den von Burmann-Bosscha gegebenen Nachweisen aus dem Codex wenig zu ergeben. Auch er weist I, 8 die Lesart von A auf; eine zu Bas. XIX gegebenen Lesart soll uns noch unten beschäftigen. — Die weiteren Ausgaben, die entweder B oder Scrivers Text nachdrucken, aufzuzählen, hat keinen Sinn. Hervorgehoben sei noch die Ausgabe von Franz Passow, Leipzig 1807, mit einer vortrefflichen deutschen Übersetzung. Andere Übersetzungen findet der Leser oben in Abschnitt II bei den einzelnen Ländern erwähnt; nicht zugänglich waren mir die 'Natürlichkeiten der sinnlichen und empfindsamen Liebe' von Freiherrn Fr. Wilh. v. d. G.: o. O. 1798, auf die sich die oben angeführte Ausgabe Scheffners bezieht. Nicht gesehen habe ich auch die nachfolgende französische Übersetzung: 'Jean Second, traduction libre en vers par Michel Loraux.' Paris 1812. 8°.

Wir geben nunmehr die Lesarten von A:

I, 5 revocabat 8 O quoties dixit, Talis Adonis erat 16 Totius terrae II, 13 defunctos ratis etc. 19 laeti 24 sibilantes (offenbar Druckfehler) IV, 7 tegunt in antro 11 Sed tu vivere parce 14 Rutulis V, 7 Et linguam tremulam hinc et inde sugis 8 fehlt in A. 9 fragrantis auram 16 Nach diesem Verse folgt in A: Infestum penitus meis medullis 18 Iam dico 20 f. Sed si quae Dea, si Deus quis usquam est, Tu Neaera Dea es Amore maior VI, 5 surgere spicis 8 quinque poposcit 11 cum Borea nimbosus 14 Nescius invertat quot 15 mala sint 19 dona coarctas 23 bis 26 in A nur zwei Verse: Haec numera: vel et illa nega numerare: refertque Innumera innumeris basia pro lachrymis. Bas. VII steht in A an achter, VIII an siebenter Stelle; die Citate nach unserer Ausgabe VII, 3 mille et 10 Darem continuo 29 Heu quam VIII, 3 sic violare 4 Inique. dura linguam 15 diesque totos 18 est Neaera 21 petulcos ocellos 22 in A = 23; 23 = 22 24 fehlt in A 29 Quae te meum levamen 30 Animaeque meae flores 31 fehlt in A 33 Dionem 37 An est, an est hoc ipsum 40 Quem 43.44 Cum semper IX, 2 Nec vincta 4 moritura collum 16 Curre procul pede molicello 18 abde sub intimis 24 accipiter protervis 25 Inde crepanteis victa feres manus 31 Atque hinc X, 4 ossa calor 7 totove 8 sive sinu in niveo 11 labris tremulis 15 rapiet 21 data sunt XI, 5 Sollicitus repetam quid de me 6 non meminisse iuvat XII, 7 in scholis 10 modo protervos 11 puellulaeque castae XIII. 13 tuo hoc in 16 Usque per 17 Iamque nisi per te nota foveatur ab aura 18 Collabescenteis deseret articulos XVI, 9 geris neces 11 Inscruit volucris 17 Adde blanditias 22 rostra Columbula 23 dura remisit 26 volve rotatileis 32 Reddam flamine 39 mihi tunc XVII, 7 sub frondibus 11 labris hunc da formosa colorem XVIII, 2 candidae coronae I Corallinis signum baccis eburneum 8 Vicisse divas ad Troiam labellis; dementsprechend fehlt in A v. 9 15 fehlt in A 21 liquescit aestu 23 aut aequor Sicanum 24 Aut Adria undis tundit aestuosis 29 et laesao Diones 31 sume dignos ore 35 intimis furoris.

Der Vergleich dieser Lesarten mit der in B vorliegenden Fassung ist ästhetisch ungemein lehrreich.

Eine monumentale Ausgabe der sämtlichen litterarischen Arbeiten des Secundus hat Petrus Bosscha veranstaltet. Er benutzte dabei die Sammlungen Burmanns, die er aber aus dem Schatze eigener reicher Gelehrsamkeit erweitert und vermehrt hat. So ist eine ausgezeichnete Arbeit zu stande gekommen: 'Joannis Nicolai Secundi Hagani opera omnia, emendatius et cum notis adhuc ineditis Petri Burmanni Secundi, denuo edita cura P. Bosscha. Lugd. Bat. 1821.' Zwei Bände. Für die 'Basia' sind hier in einer Weise die Parallelstellen aus klassischen und humanistischen Dichtern zusammengestellt, die für die Klassiker wenigstens jede Nachlese ausschliefst, so dass wir in diesem Falle einfach auf Burmann-Bosscha verweisen können. Nicht in dem gleichen Mafse kann man sich mit der Gestaltung des Textes und der Angabe der Lesarten einverstanden erklären. I, 21 steht für das durch A B und Scriver bezeugte 'miserae' 'nostrae' ohne jede weitere Bemerkung; ein Druckfehler ist wohl nicht ausgeschlossen. VII, 29 fehlt meis am Schlusse. Für ganz unzulässig halte ich in XIX, 2 die Ersetzung des 'rorem' durch 'succum'. Die recht fragwürdige Bezeugung durch den Codex Francii kann der Übereinstimmung von A B und Scriver gegenüber nicht aufkommen. Durch das in VI, 6 stehende 'succum' ist eine Verwendung des gleichen Wortes in 2. dem Sinne nach höchst unwahrscheinlich und wird auch durch den Hinweis auf das mehrfache Vorkommen von 'thymum' und 'anethum' nicht wahrscheinlicher. — Auch die Lesarten sind keineswegs vollständig angegeben. Sie fehlen bei VII vollständig; ferner IX, 1; bei 25 ist nur 'feres' angegeben; XIII, 13; XVI, 17 und 22; XVII, 7. — So mag auch nach dieser Richtung unser Neudruck zur Ergänzung der Ausgabe dienen, die im übrigen vortrefflich ist und der jeder auf diesem Gebiete Arbeitende zu aufserordentlichem Danke verpflichtet ist. — Noch ist zu bemerken, dafs, da es sich hier um einen Neudruck von B handelt, natürlich das IV, 9 in A und B

stehende 'iis' stehen geblieben ist, das Scriver — es ist
nicht bekannt, auf welche Autorität hin — in 'his' geändert
hat. Selbstverständlich mufsten daher auch zwei Konjek-
turen Bosschas wegbleiben, über deren Berechtigung ich
auch sonst zweifelhaft bin: XIII, 22 das durch A B und
Scriver gesicherte 'fluet' für Bosschas fluat; ferner die IV, 2
von Bosscha vorgenommene Trennung 'suave olentes' nach
A, während B und Scriver das Wort in eines zusammen-
ziehen. Die in A vorhandene Schreibung beizubehalten,
scheint mir nicht notwendig, trotz der metrischen Schwierig-
keit, die sich dabei ergiebt: die neulateinischen Dichter
nehmen sich mehrfach den Grundsätzen der klassischen
Metrik gegenüber ähnliche Freiheiten heraus.

2. Auctores et Imitatores.

A Beroaldus, Osculum Panthiae (S. 17 ff.) nach der
ersten Ausgabe: Orationes et carmina Philippi Beroaldi.
Bononiae 1491. S. vor bi ff. Ganz ungenauer Abdruck:
Del. poet. Ital. 1, S. 398 ff. Crinitus, Ad Neaeram (S. 21 f.)
nach: Petri Criniti viri eruditissimi De honesta disciplina
lib. XXV. De poetis latinis lib. V. Et poematum lib. II.
Cum indicibus suis. 1508 (Exemplar Mailand, Ambrosiana).
Die zweite Ausgabe von 1513 (Exemplar Bibl. Brera in
Mailand) ist nachverglichen worden. Eine hs. Aufzeichnung
aus der Mitte des 16. Jahrhunderts (Venedig, Marcusbibl.
Cl. XII Cod. C 7) bietet keine Abweichungen und hat
keinen selbständigen Wert. Unzuverlässiger Abdruck: Del.
poet. Ital. 1. S. 843 f. Sannazarius, Ad Ninam (S. 22 f.)
nach der Ausgabe von 1535: die von 1533 ist mir nicht zu-
gänglich.

Bei dem allbekannten Zustande der Überlieferung der
späteren neulateinischen Litteratur war es für die unter B
vereinigten Gedichte nicht immer möglich, die ältesten
Ausgaben zu ermitteln und zu erhalten. So mufste für
Bonefonius als ältester erreichbarer Text der Abdruck in
den Del. poet. Gallorum, Tom. 1, S. 656 ff. (No. VII, XII, XIII,
XXI) zu Grunde gelegt worden, doch ist durch eine Ver-
gleichung zahlreicher recht korrekt gedruckter Ausgaben des
17. und 18. Jhs. die Authentizität des vorliegenden Textes ge-
sichert. Wenn man S. 35, II, 17 melle und 18 felle erwartet,
während alle Ausgaben das umgekehrte Verhältnis aufweisen,
so hat man es hier wohl mit einer der bekannten humani-
stischen Wortspielereien zu thun, und ich habe mich daher
nicht für berechtigt gehalten, eine Änderung eintreten zu
lassen. Im übrigen sind folgende Ausgaben benutzt worden.
Buchananus. Georgii Buchannani Scoti Poemata quae
extant. Amstelaedami 1687. S. 335 f. 337 f. Lernutius.
Jani Lernutii Initia, Basia, Ocelli, et alia poemata. Lugduni

Batavorum 1611. Basia No. 1, 10, 15, 19. Ocelli No. 11, 15, 18, 36. S. 305, 313, 316 f., 318 f., 346 f., 349, 351, 362. Douza. Jani Douzae Poemata pleraque selecta. P. Scriverius .... edidit. Lugd. Bat. 1619. Basia No. 1, 12, 14, 15, 18. S. 585, 594 f., 596 f., 599. Eufrenius. Poemata Alberti Eufreni Georgiadis . . . Erotica, Basia, Coma, Sylva. Lugd. Bat. 1601. Bas. VII S. 59 f. Coma S. 71 f. Muretus. M. A. Mureti Invenilia. Parisiis 1553. Eleg. VIII S. 52 f. Barth. C. Barthi Fabularum Aesopicarum Libri V. Phoenix. Psalmi XVII. Erotopaegnion. Satira in Bavium etc. Francofurti 1623. Erotopaegnion. No. 3, 18, 20. S. 112 f., S. 123, S. 124.

IV. Anmerkungen.

S. 17 Osculum Panthiae. Der Bequemlichkeit halber stehen hier einige kurze Nachweise der verwendeten mythologischen und der Geschichte des Altertums entnommenen Namen. 4 Tyndaris Helena wie Bas. 11, 32. 5 Taenarides puer Hyacinthus. 6 Gemeint ist Herkules. 23 Pythius, Zeitgenosse des Xerxes aus Lydien, durch seinen Reichtum bekannt. 73 Corinna fingierter Name der Geliebten Ovids. 74 Cynthia. Geliebte des Properz, Nemesis, die des Tibull. 75 Lesbia braucht wohl nicht erklärt zu werden. Perilla, fingierter Name der Geliebten des römischen Dichters L. Ticida, beide in Ovids Tristien mehrfach erwähnt. 76 Lycoris, Geliebte des Dichters L. Cornelius Gallus, des Freundes von Vergil und Ovid. 78 Lais: die ältere Lais ist gemeint; Ephyra, der alte Name von Korinth. 79 Thais, Geliebte des Dichters Menander. 82 Sulpitia, Dichterin, unter Domitian lebend, Gemahlin des Calenus, dem sie unverbrüchlich treu war. 83 Cornelia, die Gemahlin des Pompejus. 84 Hippodamia, Tochter des Oenomaus. Gemahlin des Pelops. Laodamia, Gemahlin des Protesilaus, berühmt durch ihre Treue. 85 Abradates, König von Susiane, Zeitgenosse des Cyrus, fiel im Kampfe gegen Krösus. Seine Gemahlin Panthia tötete sich aus Gram um seinen Tod. 91 Camilla, Verg. Aeneis, VII, 803. XI, 531 f., 648 ff. 93 Stratonice, Tochter Antiochus' I., vermählt mit Demetrius II., den sie dann verläfst. Poppaea, Gemahlin Neros. 94 Thargelia, jonische Frau, durch ihre Schönheit berühmt.

S. 28. I, 9. Die den Versen zu Grunde liegende Ortsangabe vermag ich nicht festzustellen. S. 29. II, 9. Der 'dux Haemonius' ist Achilles, und die ganze Stelle bezieht sich auf die Sage von Telephos, der bei dem Einfall der Griechen in Mysien von Achilles' Speer verwundet wurde und später durch den Rost des Speeres oder durch abgefeilte Spähne der Spitze Heilung fand. S. 38. II, 2. Salisubsuli Gradivus der Mars des tanzenden Saliers = der vom tanzenden Priester verehrte Mars.

Ich möchte nicht schliefsen, ohne dem Leiter unsrer Sammlung, Herrn Privatdozenten Dr. Herrmann, für die freundliche Hilfe zu danken, die er mir namentlich bei der Korrektur dieser Arbeit gewährt hat.

Eine im vorigen Jahre unternommene, der Erforschung der neulateinischen Litteratur gewidmete Studienreise in Oberitalien ermöglichte es mir, auf den Bibliotheken in Mailand und Venedig auch für die vorliegende Ausgabe und den verwandten Stoffkreis zahlreiche in der Einleitung nicht immer namentlich aufgeführte Werke in den Originalausgaben zu benutzen, die fast sämtlich in Deutschland nicht vorhanden sind. Ich will daher auch an dieser Stelle nicht unterlassen, der Kgl. preufs. Akademie der Wissenschaften, die mir diese Reise ermöglicht hat, meinen aufrichtigsten und ehrerbietigsten Dank auszusprechen.

Berlin, im Februar 1899.

Georg Ellinger.

Namenverzeichnis.

Abati, A. XXXIV.
Anacreon X.
Augerianus, H. XII. XLII.
Ariost, L. IV.

Baif, A. de. XXVI f.
Barth, C. XII, XIII.
Beaumont. S. de XVI. XVII, XVIII.
Bellay, J. de XXVII f.
Belleau, R. XXV f., XXIX f., XXXVI.
Bembo, P. V.
Beroaldus, Phil. V, VII.
Le Bleus XVIII. XIX, XXXVI.
Boccaccio. G. VI, XXII.
Bonefonius, J. XII, XXII.
Brebeuf, G. XXXI.
Brune, J. de. XIX, XX.
Buchanan, G XIII.
Bürger, G. A. XLIII.

Cats. J. XX. XXI.
Catullus III, XVI, XXXII, XLI.
Colletet XXXI.
Crinitus, P. VI.

Desportes, Ph. XXX f.
Dorat. C. J. XXXI f.
Donza, J. X, XI, XV.
Drummond, W. XXXVIII f.
Durant. G. XXII, XXIII.

Eufrenius, A. X, XI, XII, XIV.

Fenton, E. XXXIX.
Finx, J. C. XLI.
Fleming, P. XIII, XLI.
Fletcher. G. XXXVII.

Gellius, A. VI.
Goethe, J. W. v. V, XLIII.

Grécourt, J. B J. Villart de XXXI. XLIV.
Günther, J. C. XLII.

Hadrianus VI.
Heinsius, D. XIII.
Hofmanswaldau, Ch. Hofmann v. XLII.
Homburg, E. Ch. XLI.
Hooft, P. C. XX.

Jonctys, D. XXI, XXII.

Kallimachos von Kyrene, III.
Kochanowski, J. XXXVI.

Lernutius, J. X, XI, XIV, XXI. XXII, XXX, XXXVI.
Lund. Z. XLI

Maguy, O. de XXVIII f.
Mamiano, G. B. XXXIV f.
Maufredi, M. XXXVI.
Marini, G. XXXIII f.
Martialis IV.
Marullus IV. V.
Meleager III.
Menke. B. XLII.
Mirabeau, V. R. de XXXIII, XLIV.
Montaigne, M. XXII.
Montius, H. V.
Mühlpforth, H. XLII.
Muretus, M. A. XIII, XXXVII f.
Murtola. G. XXXV f, XLII.

Opitz. M. XII, XLI.

Platon III, VI.
Politianus, A. IV.
Pontanus, J. IV, V.
Pope, A. XXXIX.
Propertius, IV.

Rabelais, F. XXII.
Reael, L. XV.
Ronsard, P. de. XXIII ff., XXXVI.
Rousseau, J. B. XXXI.

Sannazaro, J. IV, V, VI, VII, XXVII.
Sarbievius XL.
Scheffner, J. G. XLIV f.
Schirmer, D. XLI.
Sepinus, G. XII.
Sidney, Ph. XXXVII.
Sieber, J. XL.
Silentiarios, P. III.
Six, J. van Chandelier XVII f.

Spenser, E. XXXVII.
Stein, Charlotte v. XLIII.
Stigliani, T. XXXIV.
Strozza V.

Tibullus IV, XXXIII.

Vida, H. V.
Vondel, J. van den XX.

Weckherlin, G. R. XL.
Westerbaen, J. XV, XX.

Zuber, M. XIII.

BASIVM I.

Cum Venus Ascanium super alta Cythera tulisset,
    Sopitum teneris imposuit violis
Albarum nimbos circumfuditque rosarum
    Et totum liquido sparsit odore locum.
5 Mox veteres animo revocavit Adonidis ignes,
    Notus et inrepsit ima per ossa calor.
O quotiens voluit circumdare colla nepotis!
    O quotiens: 'Talis', dixit, 'Adonis erat!'
Sed placidam pueri metuens turbare quietem,
10   Fixit vicinis basia mille rosis.
Ecce calent illae, cupidaeque per ora Diones
    Aura susurranti flamine lenta subit.
Quotque rosas tetigit, tot basia nata repente
    Gaudia reddebant multiplicata deae.
15 At Cytherea natans niveis per nubila cycnis
    Ingentis terrae coepit obire globum
Triptolemique modo fecundis oscula glebis
    Sparsit et ignotos ter dedit ore sonos.
Inde seges felix nata est mortalibus aegris,
20   Inde medela meis unica nata malis.
Salvete aeternum, miserae moderamina flammae,
    Humida de gelidis basia nata rosis!
En ego sum, vestri quo vate canentur honores,
    Nota Medusaei dum iuga montis erunt
25 Et memor Aeneadum stirpisque disertus amatae
    Mollia Romulidum verba loquetur Amor.

BASIVM II.

Vicina quantum vitis lascivit in ulmo
   Et tortiles per ilicem
Brachia proceram stringunt immensa corymbi:
   Tantum, Neaera, si queas
5 In mea nexilibus proserpere colla lacertis!
   Tali, Neaera, si queam
Candida perpetuum nexu tua colla ligare
   Iungens perenne basium!
Tunc me nec Cereris nec amici cura Lyaei
10   Soporis aut amabilis,
Vita, tuo de purpureo divelleret ore:
   Sed mutuis in osculis
Defectos ratis una duos portaret amantes
   Ad pallidam Ditis domum.
15 Mox per odoratos campos et perpetuum ver
   Produceremur in loca,
Semper ubi antiquis in amoribus heroinae
   Heroas inter nobiles
Aut ducunt choreas alternave carmina laetae
20   In valle cantant myrtea,
Qua violisque rosisque et flavicomis narcissis
   Vmbraculis trementibus
Inludit lauri nemus et crepitante susurro
   Tepidi suave sibilant
25 Aeternum zephyri nec vomere saucia tellus
   Fecunda solvit ubera.
Turba beatorum nobis adsurgeret omnis,
   Inque herbidis sedilibus
Inter Maeonidas prima nos sede locarent;
30   Nec ulla amatricum Iovis
Praerepto cedens indignaretur honore
   Nec nata Tyndaris Iove.

BASIVM III.

'Da mihi suaviolum,' dicebam 'blanda puella!'
Libasti labris mox mea labra tuis.
Inde velut presso qui territus angue resultat,
Ora repente meo vellis ab ore procul.
5 Non hoc suaviolum dare, lux mea, sed dare tantum
Est desiderium flebile suavioli.

BASIVM IV.

Non dat basia, dat Neaera nectar,
Dat rores animae suaveolentes,
Dat nardumque thymumque cinnamumque
Et mel, quale iugis legunt Hymetti
5 Aut in Cecropiis apes rosetis
Atque hinc virgineis et inde ceris
Saeptum vimineo tegunt quasillo.
Quae si multa mihi voranda dentur,
Immortalis in iis repente fiam
10 Magnorumque epulis fruar deorum.
Sed tu munere parce, parce tali,
Aut mecum dea fac, Neaera, fias.
Non mensas sine te volo deorum,
Non, si me rutilis praeesse regnis
15 Excluso Iove dii deaeque cogant.

BASIVM V.

Dum me mollibus hinc et hinc lacertis
Adstrictum premis imminensque toto
Collo, pectore lubricoque vultu
Dependes umeris, Neaera, nostris

    Componensque meis labella labris
Et morsu petis et gemis remorsa
Et linguam tremulam hinc et inde vibras
Et linguam querulam hinc et inde sugis,
Adspirans animae suavis auram
Mollem, dulcisonam, humidam meaeque
Altricem miserae, Neaera, vitae;
Hauriens animam meam caducam,
Flagrantem, nimio vapore coctam,
Coctam pectoris impotentis aestu,
Eludisque meas, Neaera, flammas
Flabro pectoris haurientis aestum —
O iucunda mei caloris aura!
Tunc dico: 'Deus est Amor deorum,
Et nullus deus est Amore maior.
Si quisquam tamen est Amore maior,
Tu, tu sola mihi es, Neaera, maior!'

BASIVM VI.

De meliore nota bis basia mille paciscens
    Basia mille dedi, basia mille tuli.
Explesti numerum, fateor, iucunda Neaera,
    Expleri numero sed nequit ullus amor.
Quis laudet Cererem numeratis surgere aristis?
    Gramen in irrigua quis numeravit humo?
Quis tibi, Bacche, tulit pro centum vota racemis,
    Agricolamve deum mille poposcit apes?
Cum pius inrorat sitientes Iuppiter agros,
    Deciduae guttas non numeramus aquae:
Sic quoque cum ventis concussus inhorruit aer
    Sumpsit et irata Iuppiter arma manu,
Grandine confusa terras et caerula pulsat,
    Securus sternat quot sata quotve locis.

15 Seu bona, seu mala sunt, veniunt uberrima caelo.
    Maiestas domui convenit illa Iovis.
    Tu quoque, cum dea sis diva formosior illa,
    Concha per aequoreum quam vaga ducit iter,
    Basia cur numero caelestia dona coerces
20   Nec numeras gemitus, dura puella, meos
    Nec lacrimas numeras, quae per faciemque sinumque
    Duxerunt rivos semper euntis aquae?
    Si numeras lacrimas, numeres licet oscula, sed si
    Non numeras lacrimas, oscula ne numeres
25 Et mihi da, miseri solacia vana doloris,
    Innumera innumeris basia pro lacrimis!

BASIVM VII.

Centum basia centies,
Centum basia millies,
Mille basia millies
Et tot milia millies,
5   Quot guttae Siculo mari,
Quot sunt sidera caelo,
Istis purpureis genis,
Istis turgidulis labris
Ocellisque loquaculis
10 Ferrem continuo impetu,
O formosa Neaera!
Sed dum totus inhaereo
Conchatim roseis genis,
Conchatim rutilis labris
15 Ocellisque loquaculis,
Non datur tua cernere
Labra, non roseas genas
Ocellosque loquaculos
Molles nec mihi risus,

       Qui, velut nigra discutit
       Caelo nubila Cynthius
       Pacatumque per aethera
       Gemmatis in equis micat,
         Flavo lucidus orbe,
       Sic nutu eminus aureo
       Et meis lacrimas genis
       Et curas animo meo
         Et suspiria pellunt.
       Heu, quae sunt oculis meis
       Nata proelia cum labris?
       Ergo ego mihi vel Iovem
       Rivalem potero pati?
       Rivales oculi mei
         Non ferunt mea labra.

BASIVM VIII.

       Quis te furor, Neaera
       Inepta, quis iubebat
       Sic involare nostram,
       Sic vellicare linguam
       Ferociente morsu?
       An, quas tot unus abs te
       Pectus per omne gesto
       Penetrabiles sagittas,
       Parum videntur, istis
       Ni dentibus protervis
       Exerceas nefandum
       Membrum nefas in illud,
       Quo saepe sole primo,
       Quo saepe sole sero,
       Quo per diesque longas
       Noctesque amarulentas

Laudes tuas canebam?
Haec est, iniqua, (nescis?),
Haec illa lingua nostra est.
Quae tortiles capillos,
Quae paetulos ocellos,
Quae lacteas papillas,
Quae colla mollicella
Venustulae Neaerae
Molli per astra versu
Vltra Iovis calores
Caelo invidente vexit,
Quae te, meam salutem,
Quae te, meamque vitam
Animae meaeque florem,
Et te, meos amores,
Et te, meos lepores,
Et te, meam Dionen,
Et te, meam columbam
Albamque turturillam
Venere invidente dixit.
An vero, an est id ipsum,
Quod te iuvat, superba,
Inferre vulnus illi,
Quam laesione nulla,
Formosa, posse nosti
Ira tumere tanta.
Quin semper hos ocellos,
Quin semper haec labella
Et qui sibi salaces
Malum dedere dentes
Inter suos cruores
Balbutiens recantet?
O vis superba formae!

BASIVM IX.

Non semper udum da mihi basium
Nec iuncta blandis sibila risibus
    Nec semper in meum recumbe
        Implicitum moribunda collum.

Mensura rebus est sua dulcibus,
Vt quodque mentes suavius adficit,
    Fastidium sic triste secum
        Limite proximiore ducit.

Cum te rogabo ter tria basia,
Tu deme septem nec nisi da duo
    Vtrumque nec longum nec udum.
        Qualia teligero Diana

Dat casta fratri, qualia dat patri
Experta nullos nata Cupidines;
    Mox e meis lasciva ocellis
        Curre procul natitante planta

Et te remotis in penetralibus
Et te latebris abdito in intimis!
    Sequar latebras usque in imas,
        In penetrale sequar repostum.

Praedamque victor fervidus in meam
Vtrimque heriles iniciens manus
    Raptabo, ut imbellem columbam
        Vnguibus accipiter recurvis.

Tu deprecantes victa dabis manus
Haerensque totis pendula brachiis
    Placare me septem iocosis
        Basiolis cupies, inepta.

Errabis! Illud crimen ut eluam,
30   Septena iungam basia septies
Atque hoc catenatis lacertis
   Impediam, fugitiva, collum,

Dum persolutis omnibus osculis
Iurabis omnes per Veneres tuas
35   Te saepius poenas easdem
Crimine velle pari subire.

BASIVM X.

Non sunt certa, meam moveant quae basia mentem.
   Vda labris udis conseris: uda iuvant.
Nec sua basiolis non est quoque gratia siccis,
   Fluxit ab his tepidus saepe sub ossa vapor.
5 Dulce quoque est oculis nutantibus oscula ferre
   Auctoresque sui demeruisse mali,
Sive genis totis totive incumbere collo
   Seu niveis umeris seu sinui niveo
Et totas livore genas collumque notare
10   Candidulosque umeros candidulumque sinum
Seu labris querulis titubantem sugere linguam
   Et miscere duas iuncta per ora animas
Inque peregrinum diffundere corpus utramque,
   Languet in extremo cum moribundus amor.
15 Me breve, me longum capiet laxumque tenaxque,
   Seu mihi das, seu do, lux, tibi basiolum.
Qualia sed sumes, numquam mihi talia redde,
   Diversis varium ludat uterque modis.
At quem deficiet varianda figura priorem,
20   Legem summissis audiat hanc oculis,
Vt quot utrimque prius data sint, tot basia solus
   Dulcia victori det totidemque modis.

BASIVM XI.

Basia lauta nimis quidam me iungere dicunt,
   Qualia rugosi non didicere patres.
Ergo ego cum cupidis stringo tua colla lacertis,
   Lux mea, basiolis immoriorque tuis.
5 Anxius exquiram, quid de me quisque loquatur?
   Ipse quis aut ubi sim, vix meminisse vacat.
Audiit et risit formosa Neaera meumque
   Hinc collum nivea cinxit et inde manu
Basiolumque dedit, quo non lascivius unquam
10   Inseruit Marti Cypria blanda suo.
Et: 'Quid', ait, 'metuis turbae decreta severae?
   Causa meo tantum competit ista foro.'

BASIVM XII.

  Quid vultus removetis hinc pudicos,
  Matronaeque puellulaeque castae?
  Non hic furta deum iocosa canto
  Monstrosasve libidinum figuras.
5   Nulla hic carmina mentulata, nulla.
  Quae non discipulos ad integellos
  Hirsutus legat in schola magister.
  Inermes cano basiationes,
  Castus Aonii chori sacerdos.
10 Sed vultus adhibent modo huc protervos
  Matronaeque puellulaeque cunctae,
  Ignari quia forte mentulatum
  Verbum diximus evolante voce.
  Ite hinc, ite procul, molesta turba,
15 Matronaeque puellulaeque turpes!
  Quanto castior est Neaera nostra,
  Quae certe sine mentula libellum
  Mavult quam sine mentula poetam!

BASIVM XIII.

Languidus e dulci certamine, vita, iacebam
Exanimis, fusa per tua colla manu.
Omnis in arenti consumptus spiritus ore
Flamine non poterat cor recreare novo.
5 Iam Styx ante oculos et regna carentia sole,
Luridaque annosi cymba Charontis erat.
Cum tu suaviolum educens pulmonis ab imo
Adflasti siccis inriguum labiis.
Suaviolum, Stygia quod me de valle reduxit
10   Et iussit vacua currere nave senem.
Erravi: vacua non remigat ille carina,
Flebilis ad manes iam natat umbra mea.
Pars animae, mea vita, tuae hoc in corpore vivit
Et dilapsuros sustinet articulos:
15 Quae tamen impatiens in pristina iura reverti
Saepe per arcanas nititur aegra vias
Ac nisi dilecta per te foveatur ab aura,
Iam conlabentes deserit articulos.
Ergo age, labra meis innecte tenacia labris,
20   Assidueque duos spiritus unus alat,
Donec inexpleti post taedia sera furoris
Vnica de gemino corpore vita fluet.

BASIVM XIV.

Quid profers mihi flammeum labellum?
Non te, non volo basiare, dura,
Duro marmore durior, Neaera!
Tanti istas ego ut osculationes
5   Imbelles faciam, superba, vestras,
Vt nervo totiens rigens supino
Pertundam tunicas meas tuasque
Et desiderio furens inani

Tabescam miser aestuante vena?
Quo fugis? Remane nec hos ocellos,
Nec nega mihi flammeum labellum!
Te iam, te volo basiare mollis,
Molli mollior anseris medulla!

BASIVM XV.

Adducto puer Idalius post tempora nervo
   Stabat in exitium, pulchra Neaera, tuum;
Cum frontem sparsosque videns in fronte capillos
   Luminaque argutis inrequieta notis
Flammeolasque genas et dignas matre papillas,
   Iecit ab ambigua tela remissa manu
Inque tuas cursu effusus pueriliter ulnas
   Mille tibi fixit basia mille modis.
Quae succos tibi myrteolos cypriosque liquores
   Pectoris afflarunt usque sub ima tui,
Iuravitque deos omnes Veneremque parentem
   Nil tibi post unquam velle movere mali.
Et miremur adhuc, cur tam tua basia fragrent,
   Duraque, cur miti semper amore vaces!

BASIVM XVI.

Latonae niveo sidere blandior
Et stella Veneris pulchrior aurea,
   Da mi basia centum!
   Da tot basia, quot dedit
Vati multivolo Lesbia, quot tulit;
Quot blandae Veneres quotque Cupidines
   Et labella pererrant
   Et genas roseas tuas;

Quot vitas oculis quotque neces geris,
Quot spes quotque metus quotque perennibus
   Mixta gaudia curis
   Et suspiria amantium.

Da, quam multa meo spicula pectori
Insevit volucris dira manus dei
   Et quam multa pharetra
   Conservavit in aurea.

Adde et blanditias verbaque publica
Et cum suavicrepis murmura sibilis,
   Risu non sine grato,
   Gratis non sine morsibus,

Quales Chaoniae garrula motibus
Alternant tremulis rostra columbulae,
   Cum se dura remittit
   Primis bruma Favoniis.

Incumbensque meis mentis inops genis
Huc, illuc oculos volve natatiles
   Exsanguemque lacertis
   Dic te sustineam meis.

Stringam nexilibus tete ego brachiis,
Frigentem calido pectore comprimam
   Et vitam tibi longi
   Reddam afflamine basii.

Donec succiduum me quoque spiritus
Istis roscidulis linquet in osculis,
   Labentemque lacertis
   Dicam conlige me tuis.

Stringes nexilibus me, mea, bracchiis,
Mulcebis tepido pectore frigidum
   Et vitam mihi longi ad-
   Flabis rore suavii.

Sic aevi, mea lux, tempora floridi
Carpamus simul; en iam miserabiles
Curas aegra senectus
Et morbos trahet et necem.

BASIVM XVII.

Qualem purpureo diffundit mane colorem,
    Quae rosa nocturnis roribus immaduit,
Matutina rubent dominae sic oscula nostrae
    Basiolis longa nocte rigata meis;
5 Quae circum facies niveo candore coronat,
    Virginis ut violam cum tenet alba manus:
Tale novum seris cerasum sub floribus ardet,
    Aestatemque et ver cum simul arbor habet.
Me miserum! Quare, cum fragrantissima iungis
10   Oscula, de thalamo cogor abire tuo?
O saltem labris serva hunc, formosa, ruborem,
    Dum tibi me referet noctis opaca quies.
Si tamen interea cuiusquam basia carpent,
    Illa meis fiant pallidiora genis.

BASIVM XVIII.

Cum labra nostrae cerneret puellae
Inclusa circo candidae figurae,
Vt si quis ornet arte curiosa
Corallinis eburna signa baccis,
5   Flevisse fertur Cypris et gemendo
Lascivientes convocasse Amores
Et: 'Quid iuvat', dixisse, 'purpuratis
Vicisse in Ida Palladem labellis
Et pronubam magni Iovis sororem
10   Sub arbitro pastore, cum Neaera

Haec antecellat arbitro poeta?
At vos furentes ite in hunc poetam
Et dira plenis tela de pharetris
In illius medullulas tenellas
15 Pectusque per iecurque per iocosum
Distringite acres perstrepente cornu.
At illa nullo pertepescat igne.
Sed tacta pectus plumbea sagitta,
Torpescat imas congelata venas.'
20 Evenit; imis uror in medullis,
Et torrido iecur liquescit igne;
Tu fulta pectus asperis pruinis
Et caute, quales aut maris Sicani
Aut Hadriae unda tundit aestuosa,
25 Secura ludis impotentem amantem.
Ingrata! Propter ista labra rubra
Laudata plector. Heu, misella, nescis,
Cur oderis nec ira quid deorum
Effrena possit et furor Diones.
30 Duros remitte, mollicella, fastus
Istoque dignos ore sume mores
Et quae meorum causa sunt dolorum
Mellita labris necte labra nostris,
Haurire possis ut mei pusillum
35 Praecordiis ex intimis veneni
Et mutuis languere victa flammis!
At nec deos nec tu time Dionen:
Formosa divis imperat puella.

BASIVM XIX.

Mellilegae volucres, quid adhuc thyma cana rosasque
    Et rorem vernae nectareum violae
Lingitis aut florem late spirantis anethi?

Omnes ad dominae labra venite meae.
5 Illa rosas spirant omnes thymaque omnia sola
Et succum vernae nectareum violae.
Inde procul dulces aurae funduntur anethi,
Narcissi veris illa madent lacrimis
Oebaliique madent iuvenis fragrante cruore.
10 Qualis uterque liquor, cum cecidisset, erat,
Nectareque aetherio medicatus, et aëre puro,
Impleret fetu versicolore solum.
Sed me iure meo libantem mellea labra
Ingratae socium ne prohibete favis.
15 Non etiam totas avidae distendite cellas,
Arescant dominae ne semel ora meae
Basiaque impressans siccis sitientia labris,
Garrulus indicii triste feram pretium.
Heu non et stimulis compungite molle labellum:
20 Ex oculis stimulos vibrat et illa pares.
Credite, non ullum patietur vulnus inultum:
Leniter innocuae mella legatis apes.

AVCTORES ET IMITATORES.

A. Exempla.

I.

PHILIPPVS BEROALDVS.

Osculum Panthiae.

Qualia lascivo dedit oscula saepe Tonanti
Dardanius Phrygia raptus ab arce puer.
Qualia formosae Veneri dilectus Adonis,
Qualia pastori Tyndaris Iliaco,
5 Qualia Taenarides tribuit puer oscula Phoebo,
Amphytrioniadae qualia pulcher Hylas,
Qualia purpureae, quae conspicit omnia, Lunae
Latmius in somnis contulit Endymion,
Talia mille dedit roseis mihi basia labris
10   Panthia, fervoris prima favilla mei.
Quantus odor, quantum divini nectaris illis,
    Quantus mellis inest ambrosiaeque liquor!
Cinnama quod spirant, quod olet Cinyreia myrrha
    Et quod odorus Arabs Coryciumque crocum,
15 Sucina quod fragrant manibus tractata, quod omne
    Vnguentum et fracto fusa Falerna cado,
Balsama quod spirant, redolent quod florea rura,
    Quod citrum et violae purpureaeque rosae:
Hoc redolent dominae dulcissima basia nostrae.
20   Hoc os formosum labraque purpurea.
O me felicem, cui tu pharetrate Cupido
    Et Cytherea Venus tot tribuistis opes!
Non ego fortunas Croesi Pythiique Bithyni

Expeto, non gazas divitiasque Midae.
25 Me mea formosis teneat foveatque lacertis
   Panthia: rex regum tunc ego summus ero.
Me iuvat, ut dominae placeam, tolerare labores,
   Aerumnasque graves imperiumque ferox;
Me iuvat aestivas sub Cancro ducere luces
30   Aegocerique nives ire ad Hyperboreas.
Obsequar ut dominae, durum nil ferre recuso:
   Si iubeat, Stygias nunc aditurus aquas.
Tantum forma valet: tanti est spectata venustas
   Et decor et facies et lepor atque sales.
35 Si redeant veteres facundo pectore vates,
   Elysium vacuet si pia turba nemus,
Si Maro nunc repetat superos et culta Tibulli
   Musa et Nasonis Pieriusque chorus:
Nemo satis queat eximiam laudare puellam
40   Et decus et faciem corporis egregii.
Huic est forma potens, sunt aemula lumina stellis,
   Lumina, quae possent sollicitare deos.
Procerum corpus dominae est teretesque lacerti,
   Est formosa manus articulique leves,
45 Pes parvus fulvaeque comae facundaque lingua,
   Sunt modici risus, Atticus estque lepos.
Haec candore nives vincit superatque rosarum
   Fulgorem, in toto corpore nulla nota est.
Quidquid agit: sive incedit, sive accubat aut stat
50   Aut sedet, exornat subsequiturque decor.
Tota decens, urbana, sagax est, tota venusta,
   Totaque nativo pulchra colore placet.
Non cerussatis incedit candida buccis
   Nec fucata genas atque supercilia.
55 Aesopa non spirat Pharii nec stercora piscis,
   Non Creta aut asinae corpora lacte fovet,
Non oculos stibio linit aut fuligine pingit:
   A pereant, quibus haec cura decoris inest!

Quid iuvat, externo formam corrumpere luxu
60   Atque peregrinis cultibus inficere?
Nonne Deus vobis faciem dedit? Heu scelus: illam
    Polluitis fuco et laeditis artificem!
Iuppiter hinc in vos iaculatur fulmina, mittit
    Excidium, pestes femineumque malum.
65 Nostra Venus vivo prodit formosa colore
    Nativisque placet dotibus atque bonis.
Quantum inter flores amaranthi et lilia fulgent
    Et violae et loti coccineaeque rosae,
Quantum inter stellas conlucet luna minores,
70   Cynthia, te, quantum Cynthius exsuperat:
Tantum inter pulchras radiat formosa puellas
    Panthia, purpureis aemula sideribus.
Cedat Paeligni celebrata Corinna poetae,
    Cinthia cum Nemesi, culte Tibulle, tua!
75 Lesbiaque adsurgat dominae Ticidaeque Perilla
    Et tu, iam Gallo dicta Lycori tuo!
Dissimulet faciem Lais Ephyreia, cuius
    Traxerat attonitos forma superba viros!
Forma Menandreae fuerat nec Thaidos olim
80   Tanta, nec est Phrynes tam decor egregius,
Sordida Penelope, turpis Virginia, turpis
    Est conlata tibi, Panthia, Sulpicia.
Cedat Darei coniunx, Cornelia Magni,
    Hippodame et comptis Laodamia comis.
85 Cedat et Abradatae consors tibi, Panthia, cuius
    Ipsa geris nomen nomine ficticio.
Si Paris hanc Phrygius Phrygia spectasset ab Ida,
    Non peteret portus, Tyndari, pulchra tuos;
Iuppiter hanc videat: subito descendet Olympo,
90   Fiet olor, satyrus, taurus et Amphytrion.
Dia Camilla minor, minor est Lucretia et omnes
    Italides matres Cecropiaeque nurus;
Stratonice Antiochi dispar, Poppaea Neronis,

Lamia Demetri candida Thargelia.
95 Cedite iam divae Tritonia, Iuno, Dione,
Quas Paris Ideis viderat ante iugis!
Quid maiora loquor? Te, Penthesilea, probabit
Et colet: heu, nomen dulcius ambrosia!
Panthia formosis formosior, heroinis
100 Digna soror, Phoebo coniuge, digna Iove est.
Digna quidem caelo facies, Iamque incipit esse
Cognita et Eois, cognita et Hesperiis.
Hanc ego viventem vivus, defunctus amabo
Hanc quoque defunctam; sic iubet alma Venus
105 O decus, o facies, o Cypride digna parente,
O et germanis digna Cupidinibus!
Panthia, di tibi dent tercentum Nestoris annos.
Saecula Tithoni perpetuumque decus!
Oscula felicem dudum et fecere beatum
110 Me tua: si dederis cetera, divus ero.
Interea ardentem quaeso miserare Philippum:
Sit tibi cura mei: me cape mancipium!

II.

Epigramma Platonis philosophi.

Τὴν ψυχήν, Ἀγάθωνα φιλῶν, ἐπὶ χείλεσιν ἔσχον·
ἦλθε γὰρ ἡ τλήμων ὡς διαβησομένη.

AVLVS GELLIVS.

Hoc *δίστιχον* amicus meus, *οὐκ ἄμουσος* adulescens, in plures versiculos licentius liberiusque vertit. Qui quoniam mihi quidem visi sunt non esse memoratu indigni, subdidi:

Dum semihiulco savio
Meum puellum savior

Dulcemque florem spiritus
Duco ex aperto tramite.
Anima mea aegra et saucia
Cucurrit ad labeas mihi
Rictumque in oris pervium
Et labra pueri mollia
Rimata itineri transitus.
Vt transiliret, nititur.
Tum si morae quid plusculae
Fuisset in coetu osculi,
Amoris igni percita
Transisset et me linqueret
Et mira prorsum res foret,
Vt fierem ad me mortuus,
Ad puerum ut intus viverem.

PETRVS CRINITVS.

Ad Neaeram.

(Ex epigrammate Platonis philosophi.)

Dum te, Neaera, suavior
Gratumque florem spiritus
E semihiulcis suaviis
Per mutuas vices traho,
   Tum mi labella pressula
Tenello amore saucia
Animam tenere gestiunt,
Ne se relinquat protinus
Tuisque labris mollibus
Decepta dulci suavio
Sensim reperto transitu
Labatur in pectus tuum
   Et dicat esse gratius

Servare tam bonos lares
Tecumque semper vivere.
Vbi alma Cypris incalet
Blandusque germinat lepor
Et grata lusitat Charis.
Quod si Neaera advenerit,
Vt igne amoris percita
Animula mea misellula
Me linquat in coetu osculi
Et me relicto transeat.
Remitte quam primum potes
Et redde mi vitam, precor.
Vt serviam semper tibi
Fidemque firmam comprobem.

III.
IACOBVS SANNAZARIVS.
Ad Ninam.

Sescentas, Nina, da, precor roganti
Sed tantum mihi basiationes.
Non quas dent bene filiae parenti
Nec quas dent bene fratribus sorores,
Sed quas nupta rogata det marito
Et quas det iuveni puella caro.
Iuvat me mora longa basiorum,
Ne me tam cito deserat voluptas.
Nolo marmora muta, nolo pictos
Dearum, Nina, basiare vultus.
Sed totam cupio tenere linguam
Insertam humidulis meis labellis,
Hanc et sugere morsiunculasque
Molles adicere et columborum
In morem teneros inire lusus

Ac blandum simul excitare murmur.
Haec sunt suavia dulciora melle
Hyblaeo et Siculae liquore cannae.
Haec sola ambrosiaeque nectarisque
Succos fundere sola habere possunt.
Quae si contigerint mihi tuisque
Admovere sinas manum papillis.
Quis tunc divitias, quis aurum et omnes
Assis me putet aestimare reges?
Iam non maluerim mihi beatas
Aurorae Venerisque habere noctes.
Non Hebes thalamos beatiores.
Non si deserat haec suum maritum,
Non si me roget usque quaque, non si
Aeternam mihi spondeat iuventam.

B. Imitatores.

GEORGIVS BVCHANNANVS.

Ad Neaeram.

Seu procacibus adnuas ocellis,
Seu minacibus abnuas ocellis,
Iuxta me miserum, Neaera, perdis;
Spe torques modo credula timentem,
Nunc formidine maceras dolentem:
Spes, si lumine respicis benigno,
Lentis ignibus ustulat medullas;
Timor, lumine si aspicis maligno,
Pigro frigore congelat medullas.
Sic iactor miser huc et huc timores
Spesque inter dubiae patens procellae:
Nec unquam vigili quieta cura
Vitae noxve diesve mi refulsit.

O saevissime numinum Cupido,
Si infensus pariter favensque perdis,
Quis portus mihi spem feret salutis?

Ad eandem.

Quantum delicias tuas amabam,
Odi deterius duplo ampliusque
Tuam nequitiam et procacitatem,
Postquam te propius, Neaera, novi.
At tu si penitus perire me vis,
Si vis perdite amem et magis magisque
Totis artubus imbibam furorem,
Sis nequam magis et magis proterva.
Nam quo nequior es proterviorque,
Tanto impensius uror inquieto
Ventilante odio faces amoris
Et lentas iterum ciente flammas.
Quod si sis melior modestiorque,
Odero minus et minus te amabo.

Ad eandem.

Cum das basia, nectaris, Neaera,
Das mi pocula, das dapes deorum.
Vt factus videar mihi repente
Vnus e numero deum, deisve
Si quid altius est beatiusve.
Sed nectar mihi dulce basiorum
Sic fallacibus imbuis venenis,
Vt qui nunc fueram deus, deisve
Si quid altius est beatiusve.
Praeceps in Stygium datus barathrum,
Degam Erinyas inter, aut barathrum
Si quid sit Stygium infra Erinyasve.
Sic statim mihi cor, iecur, medullas

Et venas tacite malum pererrat.
15 Sic corpus mihi tabe conliquescit,
Ardet ignibus, aestuat venenis;
Sic mentem mala pestis occupavit,
Vt sit nectare suavius venenum,
Vita mors potior, labor quiete,
20 Sanitate furor, salute morbus.

IANVS LERNVTIVS.
Basia.
I.

At vos Chaldaeo incerti pendetis ab ore
Et ventura magis quaeritis in numeris,
Sanguineus si quando minaci ardore cometa
Territat et reges, territat et populos;
5 Sive novum sidus solitis Deus adicit astris
Seu lunae ac solis lumina deficiunt,
Rursus et abiectas leges pacemque doletis,
Cum fera civilis fertur in arma furor,
Praeterea pestem, febres, incendia, casus
10 Et tot fallacum tristia facta hominum, –
Verus amans solo percussus pectora amore
Scit causam atque horam funeris ipse sui.
Nec timet ex alto capiti impendentia fata,
Nec maris et terrae caeca pericla timet.
15 En ego formoso dominae dum pendeo ab ore,
Certum est, basiolis mollibus immoriar.
Quin ubi pallentes Erebi novus advena ad umbras
Venero iamque atram per Styga lintre vehar,
Si cineri illa meo aut gelido ferat oscula saxo,
20 Quo sita sub saxo cum cinere ossa mea,
Ilicet in vitam invito vel Dite revertar
Et spernam, quidquid continet Elysium.

II.

Fert geminas mea vita rosas uno oris in orbe,
   Altera lacteola est, altera punicea est.
Labra rosis sunt tincta rubris, at circulus oris
   Provocat albentes aequiparatque rosas.
5 Cum nive non tacta minium sic certat Iberum,
   Sic cana autumni tempore mala rubent.
Spiritus ipse rosas roseo diffundit ab ore
   Et spirat, quidquid cum Zephyro Enna parit.
Quae miratus Amor: 'Iam cedant oscula matris!
10   Os', ait, 'hoc nobis mattya vera dabit.'

III.

Hesterna, mea lux, cum fessus nocte cubarem
   Nec possem maestae ponere mentis onus,
Tandem ubi Sol summo caelum rubefecit ab ortu
   Astraque lascivos deseruere choros,
5 Post lentas animi curas, post taedia lenta
   In somnum somno lumina victa dedi.
Hic tu cuncta tibi similis vultumque habitumque
   Ante pedes lecti es visa sedere mei:
Cumque ego conarer proserpere in oscula, nullum
10   Basiolum potui vel dare vel capere.
Et tamen a quotiens visus mihi tendere dextram
   Teque avida iam iam corripuisse manu!
Frustra, nam simulatque inieci brachia collo,
   Colla retrocedens subtrahis osque mihi.
15 Sic fugit exsultim natitante per aëra penna,
   Et captatorem ludit inante culex.
Nescio, quid sperem, cupido male subdola amanti
   Si, lux, in somnis gaudia vana negas.
Felix Endymion prae me: licet oscula non det,
20   Accipit in somnis oscula multa tamen.
Sed scio, quid sperem: non vis dare gaudia vana

Nec cupidum fictis ludere basiolis.
　　Spes mea ne fallat, da, lux, mihi gaudia vera
　　　Et cupidum veris imbue basiolis!
25 Sic ego non Lunam prae te, non Latmia saxa,
　　Cum caelo spernam caelicolam at Venerem.

IV.

　　Vinclis, age, solve papillas!
　　Gemina haec cur candida poma,
　　Gemina haec cur flammea fraga
　　Sic fibula vana coercet?
5　Latere informia fas est,
　　Nefas est pulchra latere.
　　Oculis aurum eice purum,
　　Flammisque interfice flammas,
　　Penitus quibus intus aduror.
10　Sic ignes ignibus olim
　　Restinxit Iuppiter, axis
　　Cum caeli arderet uterque.
　　Profer decus oris eburnum
　　Et labra micantia pande!
15　Nolo nunc basia centum,
　　Nolo, lux, basia mille:
　　Vnum mihi sufficit, unum,
　　Vel dem tibi, vel mihi, lux, da,
　　Geminae modo basio ab uno
20　Animae conflentur in unam.
　　Alia arce et contege veste,
　　Veste invidiosa et amica!
　　Nam quid cupiam omnia, vitam
　　Vt iam inter basia fundam?
25　Satis, a satis! Immo supersunt
　　Labra, os, oculi atque papillae.

Ocelli.

I.

Aura felicis Zephyri, aura felix,
Aura, quam Phoebo dea mater antris
Clam sub exesis genuit, secundo
    Sic in amore,

5 Chloris ardenti tua semper adsit,
Sic tuis cedant animosa fratrum
Flabra, sic regnes: age nunc, volatus
    Suscita et arcem,

I, pete heroi positam Maluto,
10 Quam Venus spretis Eryce atque Cypro
Incolit, simul mea lux eam oris
    Praetulit istis.

Defer has illi lacrimas, per ora
Quae mihi nivis liquidae instar undant!
15 Defer et suspiria nostra ab imo
    Pectoris aegri

Quae traho noctuque dieque, mortem
Dum miser vivo miseram atque curas
Inter insanas iecur usque saevo a
20   Vulture rodor.

Dic, bona oppressum nisi sublevet spes
Mox fore, adspectu ut recreer cupito,
Nil fore, optatum totiens subire
    Cur morer Orcum.

25 Sed quid haec amens tibi? Luce tacta
Vt meae prima fueris puellae,
Flamine actutum ex humili emicabis
    Arduus ignis.

II.

Ex oculis mea Hyella tuis modo gaudia mille,
At modo tristitiae semina mille traho.
Cor micat, et trepidis exsultant pectora fibris,
Spem vultu quotiens candidiore facis.
5 Mens cadit atque exspes iaceo in maerore metuque,
Spem vultu quotiens turbidiore negas.
Quid iam non in me tibi di voluere licere,
Motibus his animum sic mihi quando rapis?
A ducis exemplo Haemonii, lux, mollior adsis,
10   Cumque tot intuleris vulnera, confer opem!

III.

Cor mihi nescio quis rapuit. Quis? Nunquid Hyella?
Sic est: luminibus praeda fuit dominae.
Quid nunc? Quid faciam? Qua cor ratione reposcam?
An totiens captus audeam adire iterum
5 Sirenumque iterum ad scopulos haerere et iniquas
Ilicet in pedicas non rediturus agi?
An potius maneo? Praestat: sed corde remoto
Languida qui solitus membra calor recreet?
Quo feror ambiguus? Pro me puer ito Cupido
10   Aut Paphiae caeston huic cedo matris: eo.

IV.

Cur numquam satier tuos
Spectans, lux mea, ocellulos,
Istos, lux mea, ocellulos,
Qui cor sic mihi carpunt
5   Ignitum faculis suis,
Vt nec Aenariae obrutus
Altis verticibus gigas
Coeus ardeat aeque,
Mirabar prius, at modo

Nil novi video: in necem
Sponte tendere pyralin
Vidi lucis amore.

IANVS DOVZA.

Basia.

I.

Purpura cum labris cedat calycesque rosarum,
   Astra tuis oculis, spiritui Ambrosia,
Vive in basiolis, dico tibi, lux mea, vive!
   His sine nam peior funere vita tua est.
5 His sine nec caelum placeat mihi. Lude, Rosilla,
   Lude nec a labris ora recelle meis!
Oscula pange: parum est, pange altius, adde salivas
   Inque meum toto corpore corpus abi!
Scilicet haud vita est, vulgo quae vita putatur:
10   Basia quam faciunt, vita ea vera mihi.
Atque eadem si non aliud quam luminis aura est,
   Quid novum et hanc ipsam basia si faciunt?
Ergo fac assidue iungas tua gaudia nostris,
   In mea transfusis ossa suaviolis!
15 Sic illi vixere, quibus se lumine claro
   Iustitiae et tangi numina passa Deum.
Sic nostro cum vate Neaera Hispana, nec ipsos
   Caelestes aliud nectar habere puta.

II.

Vita mihi, sed morte ipsa crudelior, Ida,
   Atque eadem luce hac, lux, mihi cara magis,
Cur promissa mihi quotiens te basia posco,
   Ilicet opposita contegis ora manu?
5 Quantum pauca dares erat ut mihi basia? Quantum

    Haec erat, ut sineres vel tibi pauca dari?
Αn data ne mediis intercipiantur ab auris
    Inque notos abeant non bene iuncta, times?
Pone metum: nobis haec cautio prima futura est,
10   Perdita ne possis ulla fuisse queri.
Tu modo labra meis include tenacia labris
    Et me tricenis imbue basiolis,
Sed quae concharum nexu potiora beato
    Esse diis possint omnibus invidiae.
15 Immoriensque meis demum sine mente labellis,
    Dic, animae reddam te tibi flore meae.
Reddam animae te flore tibi reducique susurro,
    Vive meo, dicam, munere, vive mea!
Si tamen interea si quod tibi se fugitivum
20   Surpuerit tacito tramite basiolum,
Vnius, Ida, loco capies mox basia centum!
    Sic poterunt labris nulla perire tuis.
Quin et rem iusta libeat si expendere lance,
    Iam tua sunt lucro damna futura tibi.

III.

Pauca Idae furtim rapui quod basia nuper,
    Heu furti assidue me facit Ida reum.
Desine mi lites nequiquam intendere, ne te
    Criminis eiusdem lex agat, Ida, ream.
5 Nam quae rapta meo quereris tibi basia furto,
    Haec eadem iam me surripuere mihi.

IV.

Postquam nil aliud misero proponis amanti,
    Pange mihi saltem, lux mea, basiolum!
Quale velim, quaeris. Vdum tremulumque tenaxque,
    Mellitum et dulci murmure dulce sonans,
5 Quale pares rostro iungit mordente columbas,
    Quale salax socio cortice concha capit,

Quale suo Veneris miscet Venus improba Marti.
Quale mihi demum tu dare sola potes.

V.

Non ita vocales Cancro fervente cicadas
   Aut ros aut tepidi flaminis aura iuvat,
Algentem Phoebus, siccum liquor, esca famentem,
   Defessum requies et leve murmur aquae
5 Quam me quae Charite libas mihi basia: quid si
   Addere et his velles cetera? Sed taceo.

ALBERTVS EVFRENIVS.

Basium.

Laesus acu dominae digitus, pus stillat: at illa
   Poscit opem, et medicas advocat ipse manus.
A me poscit opem: 'Si quid tua pharmaca possunt.
   Prome', ait, 'atque herbas prome salutiferas!'
5 Admoveo paucis quae cognita. Nympha repente
   Sentit opem et digitum convaluisse videt.
Tunc ego: 'Pro meritis quae restant praemia nostris?
   Certa tibi venit quo mediante salus,
Sicne indonatus discessero? Siccine linques
10   Et vatem et medicum, cara Isabella, tuum?
Gaudia certa tuo da, munera paucula amanti
   Infigens nostris basia grata genis!
Si deprompta iuvant nostra te pharmaca ab arte,
   Pelle meos morbos, nam potes, arte tua!'
15 Ast Isabella graves tandem miserata dolores,
   Solvit pro meritis praemia digna meis.
Protinus incaluit corpus simul ac sua sentit
   Gaudia, corque istis basiolis rediit.

Amor ligatus crine Isabellae.

Dum cernit sparsos ad frontem ludere crines
  Cincinnosque videt, pulchra Isabella, tuos,
Arcum tendit Amor iaculumque imponere tentat,
  Vt iecori ferret vulnera certa tuo.
5 Sed capiens arcum corpus dum flectit in arcum,
  Stringitur a rutilis crinibus acer Amor.
Idaliusque puer religatus compede forti
  Non potis est Diae solvere vincla comae.
Erubuit fletuque madet captivus acerbo,
10 Temnere qui suetus numina cuncta fuit.
Qui potuit summi contemnere tela Tonantis
  Vincitur a dominae crinibus ille meae.

IOANNES BONEFONIVS.

Basia.

I.

Quo mi sic animus repente fugit?
Fugit, quod reor, ad meam puellam,
Ad illa aurea vincla convolavit.
A quo in exitium ruis, miselle?
5 Hi quos aureolos putas capillos,
Quae tibi aureolae comae videntur,
Non sunt aureolae comae aut capilli,
Sed sunt vincula, compedes, catenae,
Sed sunt retia nexilesque casses,
10 Quibus, si semel occupatus haeres,
Peribis, moneo, a miser, peribis
Nec ad me poteris, miser, redire.
  Vsque ab unguiculis meam pererres,
Totam denique Pancharin retractes,
15 Illius licet ebrius lepore

Incubes oculis, labris, papillis.
Verum cautius invola capillis.
Nam praedico iterumque tertiumque,
His si retibus occuperis unquam,
Peribis miser, a miser, peribis
Nec ad me poteris, miser, redire.

II.

Cum sis mellea tota, tota suavis,
Vt mellita magis nec ipsa mella
Nec sit suavior ipsa suavitudo:
Qui tot spicula delibuta felle
Evibras oculis tuisque labris
Tantam amaritiem mihi propinas?
    Rursus tu quoque, Pancharilla, tota,
Cum sis fellea, sis amara tota,
Mage ut fellea sint nec ipsa fella,
Non amarior ipsa amaritudo:
Qui tam dulcia mella basiorum,
Tam dulcem ambrosiam mihi labella
Propinant tua? Qui tuis ocellis
In me spicula tam benigna vibras?
An vis ista tui est, puella, ocelli,
An vis ista tui est, puella, labri,
Vt me felle beent suaviore,
Vt me melle necent amariore?
O amarities nimis suavis!
O amara nimis suavitudo!

III.

Ergo, flosculi, tu meae puellae
Hoc florente sinu usque conquiesces?
Ergo tu dominae meae papillis
Beatus nimis insidebis usque?

O si, floscule, mi tua liceret
Ista sorte frui et meae puellae
Incubare sinu atque desidere
Hos inter globulos papillularum,
Non sic lentus inersque conquiescam,
Non sic insideam otiosus usque,
Sed toto spatio inquietus errem
Et feram sinui feramque collo
Mille basia, mille et huic et illi
Impingam globulo osculationes.
Nec mihi satis haec putes futura,
Namque et discere curiosus optem,
Quid discriminis inter hunc et illum
Et quantus tumor huius illiusque,
Quantum albedine praestet hic vel ille,
Quantum duritie hic vel ille vincat,
Sinisterne globus globusne dexter
Figura placeat rotundiore;
An dexter globus, an globus sinister
Papilla rubeat rubentiore;
Explorem quoque, quo beata ducat
Illa semita, quae globos gemellos
Sic discriminat et subesse clamat
Mellitum magis eleg n que quiddam;
Indagem quoque, quidquid est latentis,
Et labar tacitus ferarque sensim
Vsque Cypridis ad beata regna.
At mi Pancharidis meae papillas
Nec summo licet ore suaviari
Nec levi licet attigisse palma:
O sortem nimis asperam atque iniquam!
Tantillum illa negat mihi petenti,
Tantillum illa negat mihi scienti;
Quae tantum huic tribuit nec id petenti,
Quae tantum huic tribuit nec id scienti.

IV.

At mi dicite, lacrimae tenellae,
Vos, quae candidulae meae puellae
Os argenteolo rigatis imbre:
Qui fas nascier his puellae ocellis,
5 Qui toti igneoli undequaque spargunt
Tot incendia missilesque flammas!
   Verum fallor ego, et tuae, puella,
Quae mihi lacrimae et putantur imbres,
Non sunt hae lacrimae aut aquosus imber,
10 Sunt incendia flammeaeque guttae,
Quae me sic adeo intime perurunt,
Consumpta ut rapidi coloris aestu
Iam mi pectora tota conliquescant.
   Quid iam non igitur miselli amantes
15 Sperent aut metuant, quibus creare
Vndam flamma potest et unda flammam!

M. A. MVRETVS.

Elegia.

Basiolum blando tetulit mihi Margaris ore
  Ambrosia et dulci nectare dulce magis.
Quale thymo aut casiae verni sub primula solis
  Lumina cum blando murmure libat apis:
5 Inde fugit propere pedibus lasciva protervis.
  Dum sese in tenebris posse latere putat.
Sed nihil est: non sinit eam latuisse Cupido,
  Erranti faculas praetulit ille mihi.
Iam te igitur rursus teneo, formosula, iam te
10   (Quid trepidas?) teneo, iam, rosa, te teneo!

Da mihi pro grata sumpti mercede laboris
Ter tria terque tribus basia ducta modis.
Die age, num sentis animos concurrere nostros,
Dum sibi dimidium quaerit uterque sui?
15 Sic age, sic mea vita, animos iungamus utrimque,
Nulla ut eos possit dissociare dies,
Quin tandem ambiguae post iura precaria lucis
Vnicus e gemino spiritus ore fluat.

CASPAR BARTH.
Erotopaegnion.

I.

Istos purpureos tuos ocellos,
Quando ego ad satiem, Neaera, cernam?
Ista purpurea, ista quo labella
Fine rosidula, o Neaera, sugam?
5 Istos aureolos tuos capillos,
Quando ego ad satiem, Neaera, plectam?
Istas turgidulas tuas papillas,
Quando ego ad satiem premam, Neaera?
Tunc ista omnia et illa et illa et illa
10 Meram usque ad satiem, Neaera, ducam,
Cum tu purpureos tuos ocellos,
Cum tu rosidulos suaviatus,
Cum tu flammeolos tuos capillos,
Cum tu turgidulas tuas papillas
15 In sinum tibi proprium retondes,
Vt istinc ego proferam, tuique
Et mei similem, atque utrique nostrum
Noscendum, sine se cuique nostrum,
Vnum purpureum, Neaera, pusum.

II.

Non me fortia bella, non furor me
Perdidit Salisubsuli Gradivi,
Sed miles dominae insidens ocellis
Mollis, ridiculus, fugax, protervus,
5 Cui flamma est mera pro levi sagitta.
Scin quod nomen ei? Vocant Amorem
Quodam nomine primulum suavi,
Verum is est furor atque amara pestis.

III.

Sic amemus, amabilem
Vivamus mea vitam
Vita, gratia, lux, Venus!
   Sic vivunt superum chori
5 Mutuo dati amori
Nec illinc pote deici.
   Vera est regula: amet prius,
Qui vult auctor amari,
Sic amans redamabitur.
10   Amemus, redamemus et
Nusquam exspatiari
Amorem patiamur!